健康ライブラリー　イラスト版

LD（学習障害）のすべてがわかる本

東京学芸大学名誉教授　上野一彦［監修］

講談社

まえがき

　二〇〇七年度、特別支援教育が始まりました。LD（学習障害）をはじめ、教育的な配慮を必要とする子どもたちに、より細やかな指導が可能になると、強い期待が寄せられています。

　私がLDに出会った四〇年あまり前には、LDという言葉はもちろん、認知のかたよりによる「学びにくさ」をもつ子どもがいることすら、ほとんど知られてはいませんでした。LDの子どもたちは横並びの教育のなかで完全にとり残され、そうした子どもへの対応は担任の先生の努力にまかされていました。しかし、LDへの理解が広まるとともに、LDの子どもに適した教育を求める声は確実に大きくなっていき、ついに教育行政を動かしたのです。

　LDの子どもたちは、「ほかのみんなと同じようにできない」だけであって、自分に合ったやり方であればできるようになります。LDとその教育について考えることは、個性と子ども一人ひとりに合った指導法を工夫することにほかなりません。

　特別支援教育では、今まで担任の先生が孤軍奮闘していたLDへの対応を、学校単位で支えます。また、このしくみは、けっしてLDだけを対象にしているわけではありません。さまざまなニーズがある子どもたちに目を向け、より細やかな指導を実現するためのものです。

　この本では、LDについて知っておいていただきたい基礎知識をふまえたうえで、特別支援教育と、LDの子どもの具体的な指導法、ソーシャルスキルなどの学習内容についてくわしく解説しています。

　今まで、学習に困難のある子どもたちが利用する特別支援学級や「通級による指導」教室は、オアシスのような雰囲気がありました。これからは、特別支援教育のしくみが、LDの子どもたちを通常学級へ送り出す発射台（カタパルト）となることを願ってやみません。

　この本が、LDの子どもたちと、彼らを支える特別支援教育を理解する一助となれば、これほど嬉しいことはありません。

東京学芸大学名誉教授
上野 一彦

LD（学習障害）のすべてがわかる本

もくじ

2 LDのタイプは千差万別

¥1000

LDとは？

Learning Disabilities
（ラーニング　ディスアビリティーズ）
の略です。学習障害と訳されます。

Q1 医学の言葉ですか？

A1 教育を中心に医学で使う言葉です。

LDは、日本語では学習障害と訳されます。しかし、障害という言葉が誤解を招きやすく、また、医学用語で使う学習障害（Learning　Disorders・ラーニング　ディスオーダーズ）が、読み、書き、算数の３つの学習に限定しているのに対して、教育現場では、より広い範囲の状態を含んで対応していることから、この本ではLD（エルディー）と表記しています。

教育のLD	医学のLD（アメリカ精神医学会の分類DSM-Ⅳ-TRによる）		
	読字障害	書字表出障害	算数障害
学習障害とは、基本的には全般的な知的発達に遅れはないが、聞く、話す、読む、書く、計算する又は推論する能力のうち、特定のものの習得と使用に著しい困難を示す状態を指すものである。 学習障害は、その原因として、中枢神経系に何らかの機能障害があると推定されるが、視覚障害、聴覚障害、知的障害、情緒障害などの障害や、環境的な要因が直接の原因となるものではない。	A．読みの正確さと理解力についての個別施行による標準化検査で測定された読みの到達度が、その人の生活年齢、測定された知能、年齢相応の教育の程度に応じて期待されるものより十分に低い。 B．基準Aの障害が読字能力を必要とする学業成績や日常の活動を著明に妨害している。 C．感覚器の欠陥が存在する場合、読みの困難は通常それに伴うものより過剰である。	A．個別施行による標準化検査（あるいは書字能力の機能的評価）で測定された書字能力が、その人の生活年齢、測定された知能、年齢相応の教育の程度に応じて期待されるものより十分に低い。 B．基準Aの障害が文章を書くことを必要とする学業成績や日常の活動（例：文法的に正しい文や構成された短い記事を書くこと）を著明に妨害している。 C．感覚器の欠陥が存在する場合、書字能力の困難が通常それに伴うものより過剰である。	A．個別施行による標準化検査で測定された算数の能力が、その人の生活年齢、測定された知能、年齢相応の教育の程度に応じて期待されるものより十分に低い。 B．基準Aの障害が算数能力を必要とする学業成績や日常の活動を著明に妨害している。 C．感覚器の欠陥が存在する場合、算数能力の困難は通常それに伴うものより過剰である。

教育のLDの定義は、文部省（現文部科学省），1999による
アメリカ精神医学会では2015年にDSM－5を発行。LDは限局性学習症／限局性学習障害とされている

LDについて、誤解されていることはまだまだたくさんあります。
よく聞かれる、4つの質問についてお答えします。

Q2 新しい障害ですか？

A2 いいえ、違います。

LDという言葉が正式に定義されたのは、1999年、文部省（当時）によってですが、通常の学級のなかで、特別な教育的配慮を必要とする子どもたちは、以前から存在していたのです。

Q3 しつけの問題ではないですか？

A3 いいえ、違います。

LDの子どもたちは、もののとらえ方、理解するしくみに少しクセがあるために、ほかの子どもたちと同じ方法で学ぶのが苦手だったり、時間がかかるのです。しつけや心構えの問題ではありません。

Q4 遺伝は関係しますか？

A4 直接遺伝にかかわるデータはありません。

LDがなぜ起こるか、はっきりはわかっていません。極端な低体重で生まれたり、出生後のケガなどが関係するという説もあります。はっきりした遺伝を裏づける研究はありませんが、親子で姿かたちが似るように、脳の機能や発達が似ている可能性は考えられます。

Q5 社会的自立はどうなっていますか？

A5 一人ひとり異なります。

すべての子どもたちが自分なりの進路を選ぶように、LDの子どもたちの進路は十人十色です。しかし、LDのために、進学や就労に困難を伴うことも多く、1人ひとりのニーズに合わせた支援のしくみの整備が急がれています。

特別支援教育と特殊教育はどこが違うの？

2007年４月より、特殊教育を引き継いで特別支援教育が始まりました。呼び方が変わるだけではなく、子どもたちを支える理念が、大きく変わります。

名前が違うだけでしょ？

いいえ

特殊教育は、障害の名前によって対象となる子どもを分けてサポートをおこなっていました。2007年度から全国で実施された特別支援教育は、「子どもが何を必要としているか」によって支援を提供します。障害の種別によらず、多彩な支援が可能になりました。

障害の重い子どもは対象にならないのでしょ？

いいえ

特別支援教育は、教育上、特別なニーズがあるすべての子どもを対象にしています。障害の軽重、種別にかかわらず、今までの制度ではすくい取れていなかった、LDなどの軽度の発達障害も含めて支援をおこなうしくみです。

どんなメリットがあるの？

子どもの特性に合ったサポートが可能になります

障害の種類にとらわれず、子どもの特性に合わせて適切な支援プランを立てれば、障害は個性に変えることができます。その点で、特別支援教育は、子ども１人ひとりの個性を活かすしくみなのです。

1
LDについて 知りたいこと 知っておきたいこと

子どもがLDかもしれない、あるいはLDだと言われたときに、
子どもとの接し方や子育て、教育のことなど、
まず知っておきたいことを紹介します。

Q「どうしてうちの子だけ?」と思ってしまいます。

A 現在、LDの支援として通級による指導を受けている子どもは1万人以上います。

LDの子どもたちは以前からたくさんいた

ＬＤという言葉は近年ようやく知られるようになりましたが、ＬＤの特徴のある子どもは以前からたくさんいました。しかし教育の支援を受けられる制度が整っていず、埋もれた問題だったのです。

特別支援教育の普及とともに通級による支援を受けられるようになりました。しかし、平成二四年度の文部科学省の調査では、一般の小学校、中学校の通常学級で学習面に困難を抱えている子どもは今でも四・五パーセントになることがわかっています。けっして小さな問題ではないのです。

学校で初めて気づくケースもある

ＬＤの状態は個人差が大きく、そのサインもさまざまです。幼児期から言葉が出るのが遅いなどのサインが見られる子どもがいる一方で、学校に通うようになって問題が見えてくる場合もあります。

■通級による指導を受けている児童・生徒の数

通常学級から通級による指導を利用している子どもの数の変化を調べたもの。調査時には、LDは通級による指導の対象に含まれていなかった。その後特別支援教育が始まり、平成25年度には、LDを含めて、小学校で70,924人、中学校で6,958人が通級による指導を受けている

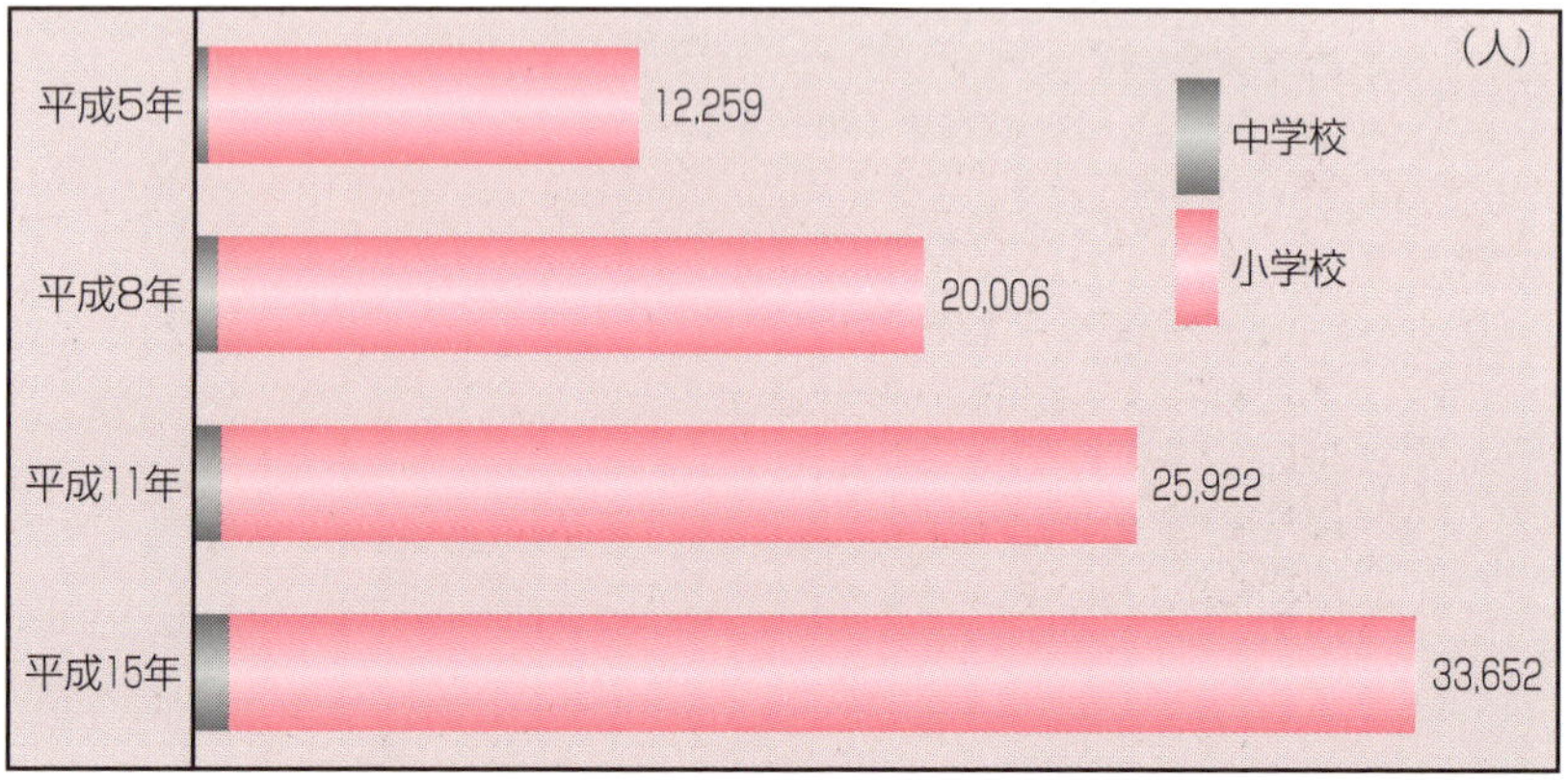

(人)
中学校
小学校
平成5年
12,259
平成8年
20,006
平成11年
25,922
平成15年
33,652

(文部科学省調べ)

ことばの遅れについてくわしく知りたい方は、健康ライブラリー　イラスト版『ことばの遅れのすべてがわかる本』（中川信子監修）をご覧ください

折り紙をする、ひもを結ぶ、ボタンをかけるなど日常的な動作がなかなか上手にならない子どももいる

幼児期に感じるサイン

小さな子どもは、日々たくさんのことを吸収して大きくなります。LDの子どもでは、幼児期からサインがチラホラと現れてきます。

幼児期

- 言葉を覚えるのが遅い
- 文字を覚えない、正しく書けない
- 不器用
- よく転んだりする

学童期

●やる気はあるのに、なかなか勉強についていけない

サボっているわけではないのに、ほかの子どもと同じ方法ではなかなか身につかないため、学力が伸びません。

●クラスメートとのトラブルが多い

人づき合いが苦手で友達ができにくい、集団生活のルールになじめないなど「学習」以外の問題をかかえる子どももたくさんいます。

学校で現れるサインも多い

学校に通うようになると、ほかの子どもとの学力の差が出てきたり、集団生活になじめないなど、幼児期とは違う問題が見えてきます。

がんばってもわからない状態が続くと、次第にやる気を失ってしまうという二次的な問題が出てくる

Q どこで相談すればよいのか、わかりません。

A まずは学校の先生に相談してください。入学前でもかまいません。

学校が支援の窓口になる

LDの相談には、学校が独自に対応し、各相談先への窓口ともなります。

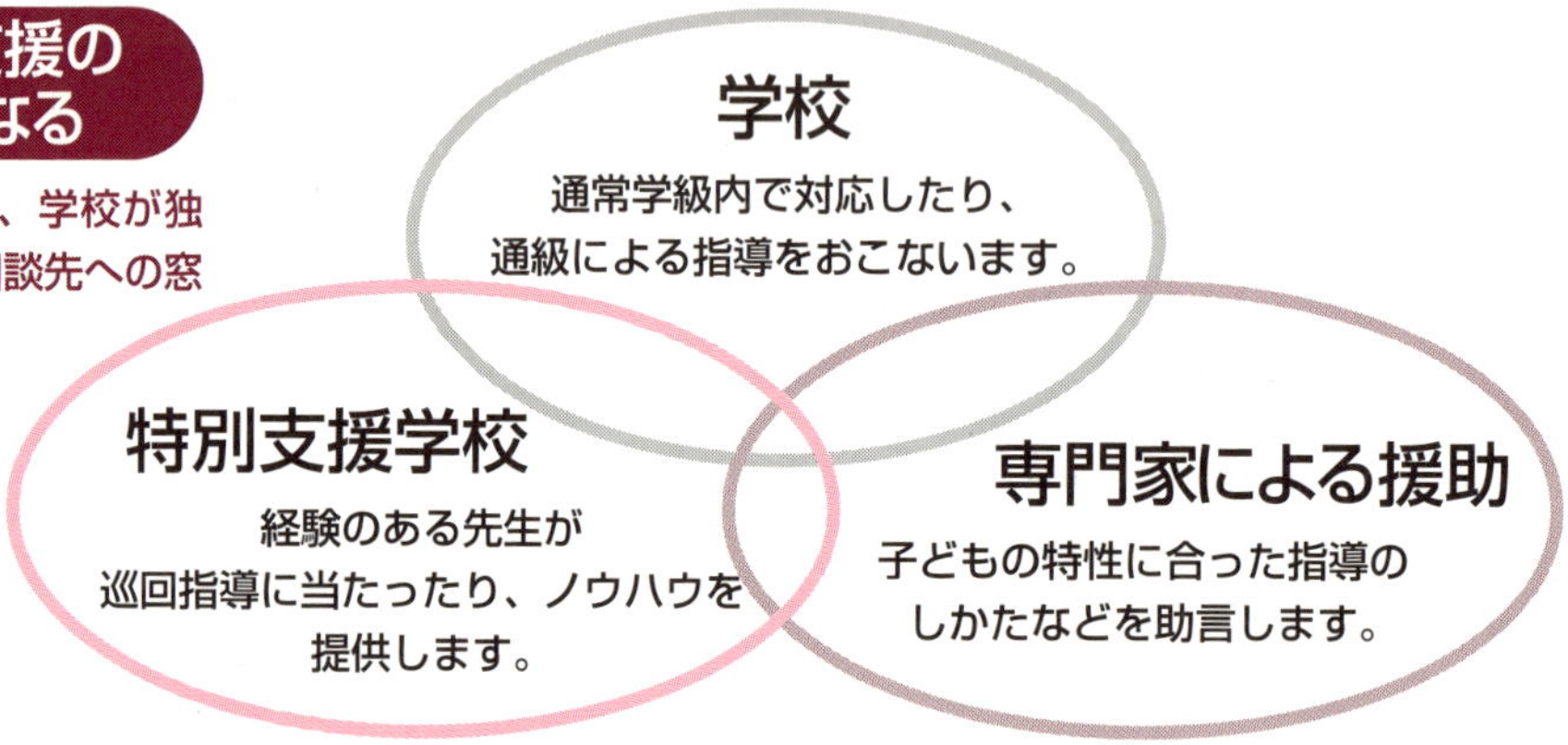

学校
通常学級内で対応したり、
通級による指導をおこないます。
特別支援学校
経験のある先生が
巡回指導に当たったり、ノウハウを
提供します。
専門家による援助
子どもの特性に合った指導の
しかたなどを助言します。

身近で接する先生に話してみよう

二〇〇七年度から開始された特別支援教育では、学校が相談に応じ、専門家への窓口となるしくみになっています。

就学前の子どもについては、以前は、地域の教育センターや児童相談所などで相談するのが一般的でした。しかし、現在は就学前でも、入学を予定する学校で相談できるようになっています。

学校を通じて得られる援助は多い

くわしい検査や専門家への相談も、学校が窓口となります。専門家の助言や検査をもとに、子どもの特性に応じた指導を受けるなど、学校を通じて多くのサービスが受けられます。

時に「ドクターショッピング（複数の医師を転々とすること）」をする人もいますが、LDの対応の基本は教育です。身近な学校で相談するのが望ましいといえます。

活用できる支援のネットワーク

家族

●入学前なら

将来入学する予定の地域の学校で相談できます。また、児童相談所や教育センター、大学によっては相談センターを併設しているところもあります。

保育園や幼稚園

施設によっては、地域の小学校とネットワークをもっています。その場合、幼稚園や保育園から小学校の就学担当の先生に紹介されるケースもあります。

地域の児童相談所、教育センター

最近は、公的な教育センターや相談所で、LDについての検査がおこなえる態勢を整えているところが増えています。治療や指導のための部門が併設されている場合もあります。

入学前でも、地域の学校の校内委員会に相談できる

家での様子で気づくほか、最近では学校から連絡を受けるケースも増えている

●入学後なら

教育を受ける場である学校で、まず相談しましょう。

校内委員会、特別支援教育コーディネーター

学校内で、支援を必要とする子どもと、指導に当たる先生をバックアップします。また、専門家チームに判断を依頼するかどうかも検討します。→P48へ

専門家チームを専門委員会と呼んだり、組織の編成が異なるなど、地域によって多少の差がある

専門家チーム

地域の教育委員会に設置される組織です。校内委員会から申し出のあった子どもについて、どのような援助が必要か、具体的な指導に関する助言をおこないます。→P49へ

学級担任

学校や家庭でのふだんの様子、学習の状況について、担任の先生とよく話し合って、共通の理解をもてるようにします。専門家チームに相談、照会するかどうかも検討します。

報告、相談

Q 「病気ではない」と言われましたが、不安です。

A 原因はまだわかっていませんが、LDは発達障害の１つと考えられています。

発達の速さには個人差がある

人とのかかわり、集団生活のなかで、その場の状況に合った行動ができるかどうかは、子どもの発達の度合いによって異なります。

ほかのことに興味を引かれ、もともとやっていたことをやめてしまう

集中力は、発達とともに伸びてくる力の1つ。集中力が弱いと、人の話を聞いている最中でも、新しく聞こえてきたほかの物音に気をとられて集中力が途切れてしまう

がまんはしているが、ほかのことに気が向いている

「今はほかのことをしてはいけない」とわかっていても、注意はほかのところにそれてしまっている

雑音をカットして集中できる

集中力が強くなってくると、不必要な刺激（外からの騒音など）をカットして、「やるべきこと」に集中できる

ほかのことを考えている

一見おとなしく問題がなさそうだが、頭ではほかのことを考えていて、結局人の話を聞いていない

私たちは身の回りで起こるできごとを、自分に必要なものとそうでないものとに取捨選択しています。ほとんど無意識の作業ですが、このとき脳では瞬時にたくさんの情報を処理しています。

この過程のどこかに少しクセがあると、学ぶ力やコミュニケーションにある種のかたよりが出ます。発達障害では、かたよりは一時的なものではなく、ずっと続きます。

LDにはいろいろな要素が含まれる

LDかどうかを判断し、さらにそれをふまえて学習を指導する場合には、さまざまな要因を考慮します。

LDへの対応

学習に関する中核的な特徴だけではなく、付随して現れるさまざまなトラブルにも目を向け、全体的に支援します。

言葉のトラブル

言葉を話したり人の話を聞いたりすることや、コミュニケーションがうまくできません。

医学上の学習障害

読みと書きに困難がある「ディスレクシア（→P35）」や、計算が極端に苦手なタイプです。

運動のトラブル

運動が苦手なタイプです。文字がうまく書けない、書くのが遅いなど、手先の運動が苦手（不器用）な場合もあります。

教科理解のトラブル

やる気がない、サボるなどの問題がないのに、学力が伸びません。教科によってばらつきがある子どももいれば、全体的に伸びない子どもなどさまざまです。

対人関係のトラブル

集団行動ができない、ルールや順番を守れないなどで、クラスのなかでも問題を起こしがちです。

なわとびやとび箱、球技など、体育の授業での困難も多い

原因はわかっていない

LDは、発達障害の一つですが、なぜ起こるのか、原因はまだわかっていません。

しかし、LDの子どもには、自分の身の回りで起こっていることをキャッチし、脳で認識する過程（認知のしくみ）にある種のクセがあると考えられています。

学習のつまずきから派生するさまざまな問題も含む

医学的には「学習障害は、読み、書き、算数の力に特異的な困難が伴う場合」とされています。

しかし、この本で考える教育上のLDでは、これに加えて人の話を聞く、人と話す「コミュニケーションの力」のかたよりも含めて考えます。

LDの子どもは、学習だけでなく集団生活のうえでさまざまな困難を招きやすく、多方向からの指導、支援が欠かせません。

Q LDとAD/HDは違うものですか？

A 重なる部分もありますが、厳密には異なります。

AD/HD、自閉症スペクトラムにはこんな特徴がある

AD/HDや自閉症スペクトラムには、重複するケースもあります。

自閉症スペクトラム

自閉症で、かつ、知的な遅れがないタイプを指します

- 対人関係に障害がある
- 言葉の使い方、表情に困難がある
- こだわりや興味のあり方がかたよっている
- 視覚や聴覚、嗅覚などが敏感なことが多い

AD/HD（注意欠陥/多動性障害）

注意力に関する特徴と、多動性に関する特徴に分けられます

注意力に関する特徴

- 不注意が多い
- 注意が続かない
- 話しかけられても、聞いていないように見える
- 義務をやり遂げられない
- 順序を整理できない
- 精神的な努力を要することを嫌う
- 必要なものをよくなくす
- 外部からの刺激に気が散りやすい
- 毎日の課題を忘れてしまう

多動性に関する特徴

- 手足をソワソワと動かしたり、もじもじする
- 座っているべきときにすぐに立ち歩く
- 余計に走り回る
- 静かに遊ぶことができない
- じっとしていない
- しゃべりすぎる
- 質問が終わるのを待てずにしゃべり始める
- 順番を待てない
- 他人の邪魔をする

学習に困難を来しやすい

とくにAD/HDでは、行動上の困難のため、集中して学習に取り組むことができません。また、認知にクセがあるために、ほかの子どもと同じ方法では学習ができないケースも多く見られます。

ほかの障害についてくわしく知りたい方は、健康ライブラリー　イラスト版『AD/HDのすべてがわかる本』（市川宏伸監修）、『自閉症スペクトラムがよくわかる本』（本田秀夫監修）、『完全図解アスペルガー症候群』（佐々木正美、梅永雄二監修）をご覧ください

行動に問題が少ないと見落とされやすい

LDのタイプや、困難の程度はさまざまですが、「わからない」と周囲に伝えずに、おとなしくして授業をやりすごす習慣がついていると、周囲がLDであることに気づかないという二次的な問題が出てきます。

LDはAD/HDなどと重なることがある

公立の小・中学校の通常学級の教師を対象に、LD、AD/HD、自閉症の特徴がある子どもの割合を調べたデータです。医師などによる専門的な判断ではなく、教室での実感をもとにした調査ですが、教育的な配慮を必要とする子どもの多さがうかがえます。

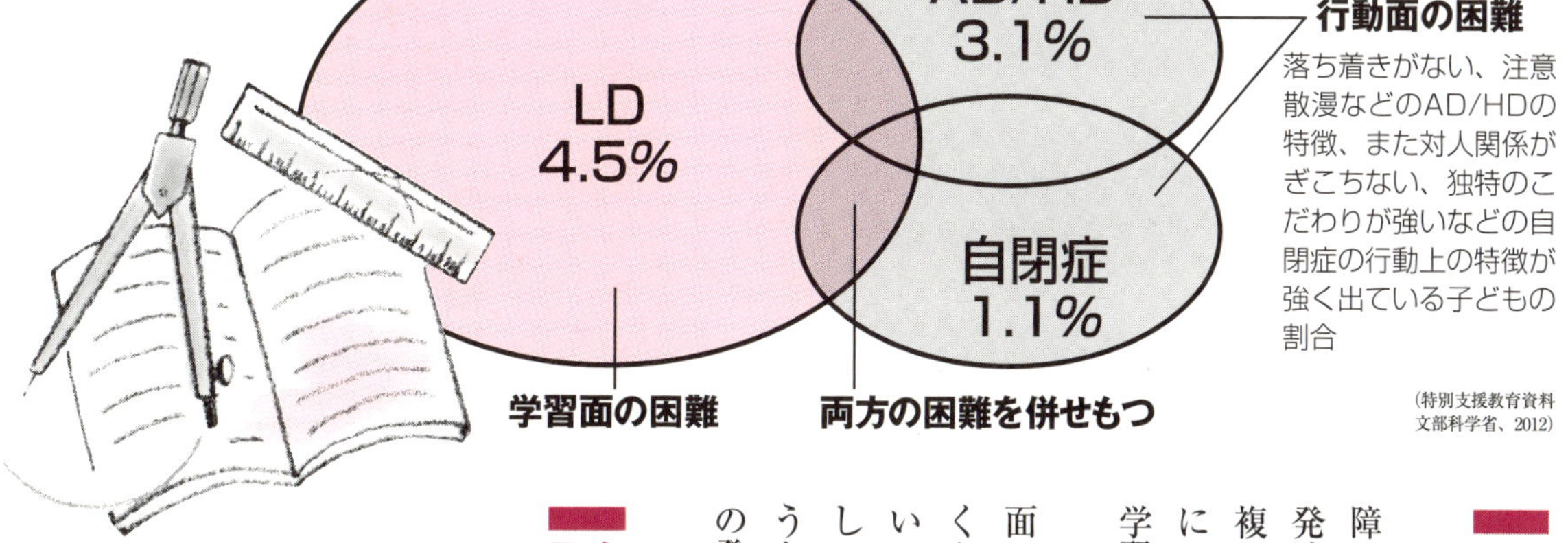
教室での指導で何らかの困難を伴う子ども
6.5%
LD
4.5%
AD/HD
3.1%
自閉症
1.1%
行動面の困難
落ち着きがない、注意散漫などのAD/HDの特徴、また対人関係がぎこちない、独特のこだわりが強いなどの自閉症の行動上の特徴が強く出ている子どもの割合
学習面の困難
両方の困難を併せもつ
（特別支援教育資料 文部科学省、2012）

学習に困難を伴いやすい点では同じだが……

ＡＤ／ＨＤ（注意欠陥／多動性障害）や自閉症スペクトラムは、発達障害の一種で、よくＬＤと重複しています。注意が散漫、知覚にかたよりがあるなどの特徴が、学習に支障を来しやすいためです。

ＬＤ全体から見てみても、行動面に困難のある子どもはかなりたくさんいます。しかし、そうでないタイプは「おとなしいＬＤ」として見落とされがちです。このような子どもは目立ちにくく、問題の発見が遅れるおそれがあります。

名称によるくくりよりも具体的な対応を重視

ＡＤ／ＨＤ、自閉症スペクトラムなどは発達障害としての医学的治療がおこなわれる場合があるため、正確な診断は重要です。診断は対応への入り口です。子どもの特性に合った支援策を立ててこそ、診断の意味があるのです。

Q 「障害」と言われ、ショックです。改善するのでしょうか。

A 子どもらしさであり、個性です。適切な支援によって、個性と長所を伸ばしてください。

区分は絶対的なものではない

支援をスムーズに進めるために、対象となる子どもをやむを得ず区分しますが、子どもの能力は本来、数字などで表せるものではありません。名称にとらわれず、子どもの力を伸ばすのが本当の支援です。

苦手なことをそのままにしておくと、自尊心、達成感が育たない

●全体的な発達が遅い
●身体上のハンディキャップがある

がんばっても、ほかの子どもと同じ方法では習得できない場合、その子に合わせた指導が必要になる

LDやAD/HD、自閉症などの発達障害

学び方にクセのある子どもたちを指します。

●学ぶペースがやや遅め
●特定の部分に苦手なことがある
●学び方、社会性にかたよりがある

●年齢相応の発達が見られる

どんな子どもにもかたよりは必ずある

多かれ少なかれ、人にはみな認知のかたよりやクセがあります。それが子どもの個性でもあります。ＬＤへの指導とは、そのクセが学校で不利を招かないよう支援することなのです。

個性、得意なことによって進路を選ぶ

LDの子どもたちの進路はさまざまです。LDの名称にとらわれず、本人に合った進路が選べるよう、周囲の人は適切に手助けしましょう。

周囲ができること

適切な進路指導

子どもに向いていると思うことを勧めるのではなく、自分自身で考え、決められるよう相談にのりましょう。失敗させないためよりも、失敗を乗り越えられるようサポートします。

受け入れ先の理解

能力とともに、対人関係や行動上のこだわりも重要な点です。ソーシャルスキルを伸ばすとともに、受け入れ先にもLDについて理解してもらえるのが理想的です。

「できること」だけでなく「やりたいこと」にも目を向けて

得意なことを活かす

得意なことを進学や就職の際の目標とすると、やりがいにもなりますし、達成したときの自信につながります。

最終的な目標は……

経済的な自立を目指す

進学するときも「受かれば入学する」という受け身の態度ではなく、就労を視野に入れて進路設計を立てましょう。また、働く場を選ぶ際には、何がしたいかとともに、苦手なことを把握し、それを補う工夫も必要です。

よりよい対応への入り口と考えて

子どもがLDである、または疑いがあると言われて、ショックを受けない親はいないでしょう。「LD」という用語が使われ始めたころには、なぜ新しい障害をつくるのかという反発もありました。

しかし、LDの考えが確立する前にも、LDの特徴のある子どもはたくさんいました。こうした子どもを適切に支援するためには、まず、対象となる子どもにとって、何が不得意なのかを正確に見極めなくてはなりません。

LDだとわかることで、適切な支援の入り口に立てるのです。

支援は個性、年齢によって柔軟に変える

LDは、支援を必要とする個性です。苦手なところを改善したり補うよう支援するのはもちろん必要です。しかし、それだけではなく、得意なこと、長所を伸ばす手助けをし、自立を助けましょう。

Q 私たちの育て方に問題があったのでしょうか。

A LDの起こるしくみに、育児・環境はほとんど関係しません。

LDは脳の微細な障害？

私たちは、脳の働きによってものごとを認識しています。脳のネットワークは非常に複雑で、また微妙なバランスのうえに成り立っています。LDでは、ここにごく小さな障害が生じていると考えられています。

中枢《ちゅうすう》神経に何らかのトラブルがある

中枢神経は、脳とそこからつながる脊髄《せきずい》など、体の各部位の働きをコントロールする司令塔にあたります。

LDなどの発達障害では、中枢神経に、画像検査やその他の検査ではとらえられないほどの、小さな不具合が生じているというのが一般的な説です。

外からの刺激、情報を処理するしくみに障害が現れる

情報をとり入れ、判断し、適した行動を起こすまでのどこかに不具合があると、判断ミス、あるいは不適切な行動となってしまいます。

不具合がどの部分にあるかによって、苦手なことは異なります。

認知のかたよりは、学び方に大きく影響する

ものの形を把握するのが苦手

空間を把握したり、ものを立体的に描き出すのに時間がかかったり、不正確になったりする

記憶が苦手

ある特定の分野で暗記ができないなど、記憶力にかたよりが出る

推測・推理が苦手

目に見える事実と事実の間をつないで、自分なりの推論を立てられない

見間違い、聞き間違いが多い

似た文字を見間違えたり、聞き間違い、聞きもらしが目立つ

LDの起こるしくみはわかっていない

LDだけでなく、AD／HD、自閉症なども、女の子よりも男の子のほうが発症率が高いことがわかっています。LDに関しては、男の子のほうが約四倍多いというデータもあります。

起こるしくみには、生まれたときの体重や体質などが関係するともいわれていますが、はっきりした結論は出ていません。

いずれにしても、こうしたことが子どもの育て方や環境によって起こるとはいえません。

原因追求よりも対応を練るほうが効果的

LDの子どもをもつ親のなかには、必要以上に自分を責めたり、また、原因を探すのに一生懸命になる人がいます。

しかし、はっきりしない原因を探っても、実りはありません。子どもの特性を理解し、支援することが何よりも助けになるのです。

授業に参加できず、つらい思いをしがち

学習の困難はいろいろな形で現れる

子どもにとって、学校は生活のかなりの割合を占める場です。とくに学力、成績に対する関心が高い現在の社会では、LDの子どもたちは学校でさまざまな問題をかかえやすくなります。

基本的な学ぶ力に多少の困難が出てくる

外からの刺激の受けとり方に極端なかたよりがあると、学校で集団で学ぶときに、ほかの子どもとの差が出てきます。

各教科で学力が伸びにくくなる

書く力、読む力など、基本的な学習に必要な力にかたよりがあると、教科全体に影響が及びます。また、教科によって得意・不得意が大きく分かれる子どももいます。

さらには……

学校生活になじめないなどの問題も出てくる

学力が伸びないと自信がもてず、自尊心が育ちにくくなります。また、行動面でのトラブルがあると、友達から孤立したり、いじめを受けるなどの二次的な問題が生じてきます。

Q どうしてできないのか、もどかしく思います。

A できないのは本人の努力不足ではありません。

親は自分の中のこんな気持ちに注意

あきらめ、いらだちをかかえていると、つい子どもに当たってしまったり、適切な対応ができなくなったりします。こんな気持ちがないか、注意しましょう。

不安

先生は、うちの子は、学校でちゃんとやっているのかしら？

→むやみに誰かのせいにしても、意味はありません。

いらだち

どうして言うとおりにできないのかしら？

→どうしたら子どもにわかりやすくなるのか考えてみましょう。

あきらめ

何をやってもムダなのかしら？

→子どもに合った、適切な方法はきっとあるはずです。

ほかの子と比べたり、「〜だから」と決めつけない

ＬＤの子どもを見ていると、「どうしてできないの？」と歯がゆい思いをする人もいるでしょう。しかし、本人はもっとくやしく、つらく感じているのです。

ＬＤでなくても、子どもの成長には個人差があります。ほかの子どもと比べることは、本人を深く傷つけます。

また、「ＬＤだからしかたがない」と考えるのも禁物です。ＬＤという概念は言い訳のためではありません。

今できることを考えよう

ＬＤの子どもに必要なのは、ただ「がんばれ」という励ましではなく、「どうやってがんばるのか」を示す、具体的な指導です。

子どものできることを増やし、伸ばすためにどうすればよいのかに目を向けましょう。

学校の状況は、身近な家族で共有しておくのが望ましい

「どうして」を「どうすれば」に変える

「どうしよう」と思い悩んで立ち止まっていては、ものごとは好転しません。できること、すべきことを考え、一歩をふみ出しましょう。

1 より多くのことを知って不安を軽くする

●学校での取り組みを知る

学校での様子はどうか、どのような指導を受けているのか知っておきましょう。

●教育センターや親の会などを利用する

不安なことや疑問点を相談する相手、場をもっておくと心強いものです。学校の先生に話しにくいなら、教育センターや親の会（→P93）も利用しましょう。

2 できるように工夫していらだちを解消する

●伝え方を工夫する

たとえば聞くことが苦手な子どもには、文字に書いたり身ぶりで示すなど、わかるように伝えます。

●できることを伸ばす

できないこと、苦手なことに目がいきがちですが、子どもが好きなこと、得意なことにも目を向け、そこを伸ばせるよう手助けします。

3 成果に目を向けてあせりをなくす

子どもができたこと、達成感を感じられたことは、きちんと評価してください。

子どもの小さな一歩を見落とさず、具体的にほめよう

Q 本人がどう感じているのか、気になります。

A 苦しい気持ちに目を向けてあげましょう。

元気にふるまっていても、
こころも元気とは限らない

こころのトラブル

達成感を感じたり、人からほめられたりする経験が少ないと、自尊心や自信をもちにくくなります。

他人との違いに悩む

自尊心が育ちにくい

達成感や充実感が得られない

成長とともに苦しさも大きくなる

学習は基礎から応用への積み重ね、反復で定着させるものです。LDの子どもにとっては、適切に指導されないと、学年を上がるごとに学習の困難が積み重なっていきます。また、大きくなるにつれて、周りの子どもとの差にも気づいてきます。

LDの子どもは、学習面の困難だけでなく、自分を評価できないなど気持ちの困難もかかえやすいのです。

ことにAD／HDなどで行動面の困難が加わると、気持ちの問題が見えにくい場合もあります。また、不安を隠すために反抗的な態度をとる子どももいるでしょう。

子どもがもっている不安、疑問に目を向け、子どもの気持ちに耳をかたむけましょう。

こんな言葉がけには気をつけて

励ましたり、やる気を出させるために言っている言葉でも、本人には逆につらく聞こえてしまいます。

×がんばればできるよ！

×まだまだこれからでしょ

LDの子どもが直面しているのは、やる気の問題ではありません。

本人の気持ち
何をどうやってがんばればいいの？

×ほかの子はみんなできているよ

×どうしてできないの？

経過ではなく結果を比べるだけでは、LDの子どものつらさは増すだけです。

本人の気持ち
自分だってがんばっているのに……

×世の中、勉強だけじゃないよ

本人のやる気をそぎ、がんばる気持ちを失わせます。

本人の気持ち
勉強だってできるようになりたいよ

×大きくなればできるようになるよ

×やっていれば、いつかはできるようになるよ

安直ななぐさめや励ましは、子どもの不信感を招きかねません。

本人の気持ち
いつかって、いつできるようになるの？

Q 教育について、どんなことに気をつければよいですか？

A 子どものペース、考え方を大切に。いろいろな場があります。

任せすぎず、やりすぎない

学校の教育に親がどこまでかかわるべきか、一概にはいえません。しかし、確かなのは、教育は学校の仕事であると一切を投げ出したり、逆に家でも勉強ばかりさせるなどの極端な対応は、よい結果には結びつかないということです。

子どもに合った方法を選ぶ

ＬＤでは、特別支援教育での指導が効果を発揮する場合もあります。二〇〇六年度から、ＬＤやＡＤ／ＨＤの子どもたちも、通級による指導（五八ページ参照）の対象になりました。苦手なところ、特別な指導が必要な部分について、通級による指導で、自分に合った方法で学ぶ場がもてるようになりました。子どものペース、特性に合わせて、こうしたしくみを活用してください。

気をつけたい思い込み

教育の効果は、どこでどのように学ぶかだけでなく、親の理解とサポートによっても大きく変わります。下のような思い込みには注意してください。

- 特別支援教育は、限られた子どものためのものだ
- できるだけ通常学級のほうがよいに決まっている
- 学校に行きさえすればなんとかなる

教育の場とメリット

通級による指導、地域の特別支援学校との連携によって、LDの子どもが利用できる学びの場はたくさんあります。

特別支援学級
「通級による指導」教室

●学習の指導・補助

苦手な教科を個別に指導したり、理解の手助けなどをするほか、ソーシャルスキルなども指導します。

学力がついてきたら、通常学級での授業に戻る

通常学級ではサポートしきれない部分を、通級による指導で補う

ノウハウの共有

特別支援学校での指導のノウハウを、LDの子どもの指導に活用できます。

特別支援学校

子どものニーズに適した指導、支援をおこないます。

通常学級

●通常授業
●課外活動

補助教材や、出題の工夫などで、LDの子どもの理解を助けます。

子どものペースに合わせて、ともに歩む気持ちを忘れずに

特別支援教育では、障害の種別によらず個別のニーズにより応えやすくするために、盲、ろう、養護学校などを「特別支援学校」と呼び方を一本化した

LD・AD/HDの子どもが利用する「通級による指導」教室は、地域によって「通級指導教室」のほか「リソースルーム」などの名称もある。また、特別支援学級に相談通級している例もある

Q 子どもにLDについて聞かれました。どう答えればよいか、迷います。

A ごまかさず、子どもの理解度に合わせた伝え方を工夫します。

知ることが本人のためになるように

小学校高学年から中学生になってくると、本人も、周りの子どもと自分の差について疑問をもつようになります。

こうした疑問を本人が口にしたときが、ＬＤについて話す機会です。理解度に合わせて、ていねいに答えてください。小学生で、脳の話がまだむずかしければ、ＬＤは一つの個性だという切り口でもよいでしょう。

「もっと大きくなってから教える」「なんでもない」などとごまかしてはいけません。子どもの不安を増し、不信感をいだかせます。

また、大変なこともあるけれど、できないのではなく時間がかかること、やり方を工夫すれば乗り越えられることもはっきりと伝えましょう。

ＬＤだからしかたがないと、あきらめや投げやりな気持ちをもたせてはいけません。

周囲がしっかり理解しておく

ＬＤについて伝える場は、家庭で親から、学校で先生からなど、いろいろあります。いずれにしても、まずは伝える側がＬＤをしっかり理解する必要があります。

伝える前には、学校と先生、親が共通の理解をもっていることが理想的です。

LDだとわかるメリット

自分の状態への疑問や不安の原因がLDだとわかることが、安心、さらに前向きな気持ちにつながれば、LDの告知は大きなプラスになります。

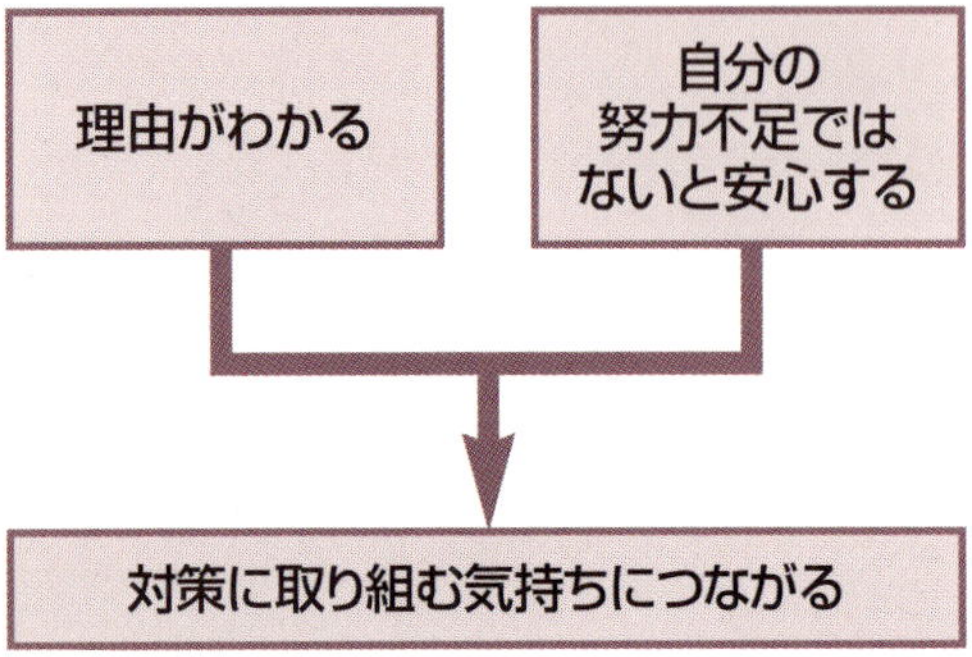
理由がわかる
自分の努力不足ではないと安心する
対策に取り組む気持ちにつながる

伝える際の3原則

①隠さない

自分が他人とは違うと感じたり、またそう言われることは、子どもにとって大きな問題です。それをはぐらかされたり、なんでもないと否定されると、子どもはかえって疑問を深めます。

ごまかしは子どもに不信感を生む

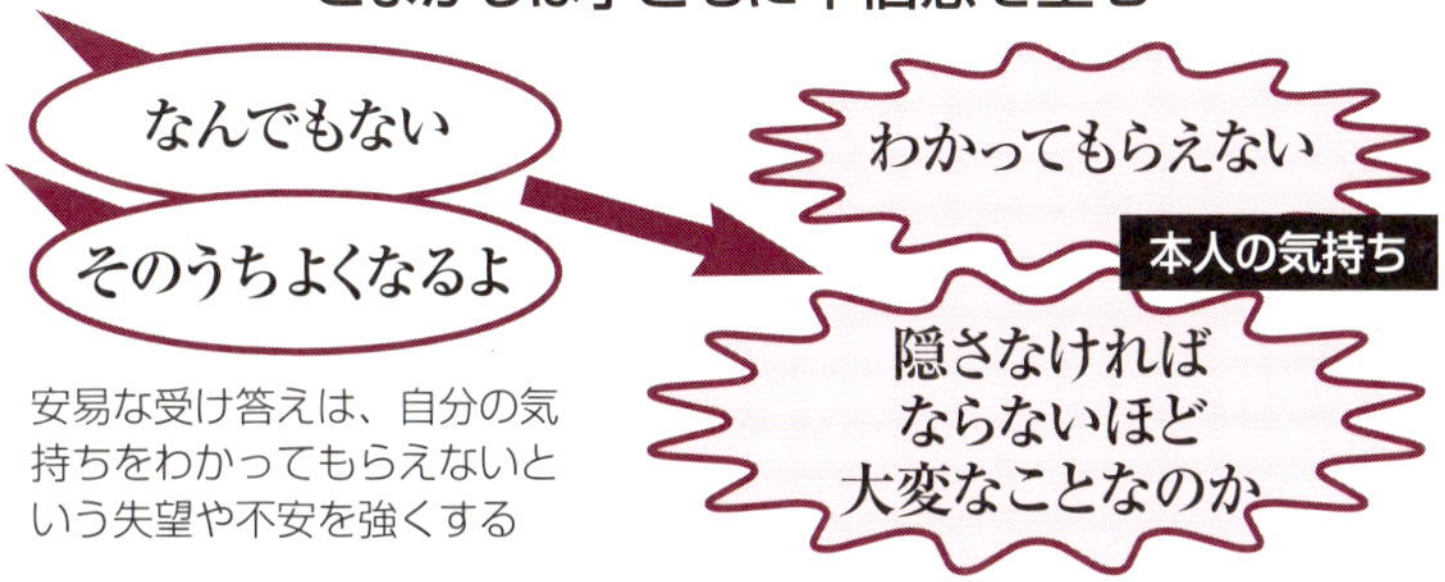
なんでもない
そのうちよくなるよ
わかってもらえない
本人の気持ち
隠さなければならないほど大変なことなのか

安易な受け答えは、自分の気持ちをわかってもらえないという失望や不安を強くする

②理解力に合わせて伝える

子どもが疑問をもつ年齢はさまざまです。人それぞれに違いがあること、その違いは脳での受け止め方の差であることなど、子どもが「わかった」と感じられる内容で伝えましょう。

一度にすべてを伝えなくてもよい

脳の話
個性の話

子どもが小さいときには個性の話をし、中学生くらいになって再度子どもが疑問をもったときにはくわしく話すなど、段階的に理解させるのもよい

③言い訳にさせない

LDだからと、できることをやろうとしなかったり、努力しなくなるのを防ぐために、具体的なサポートが欠かせません。

どうすればよいかも伝える

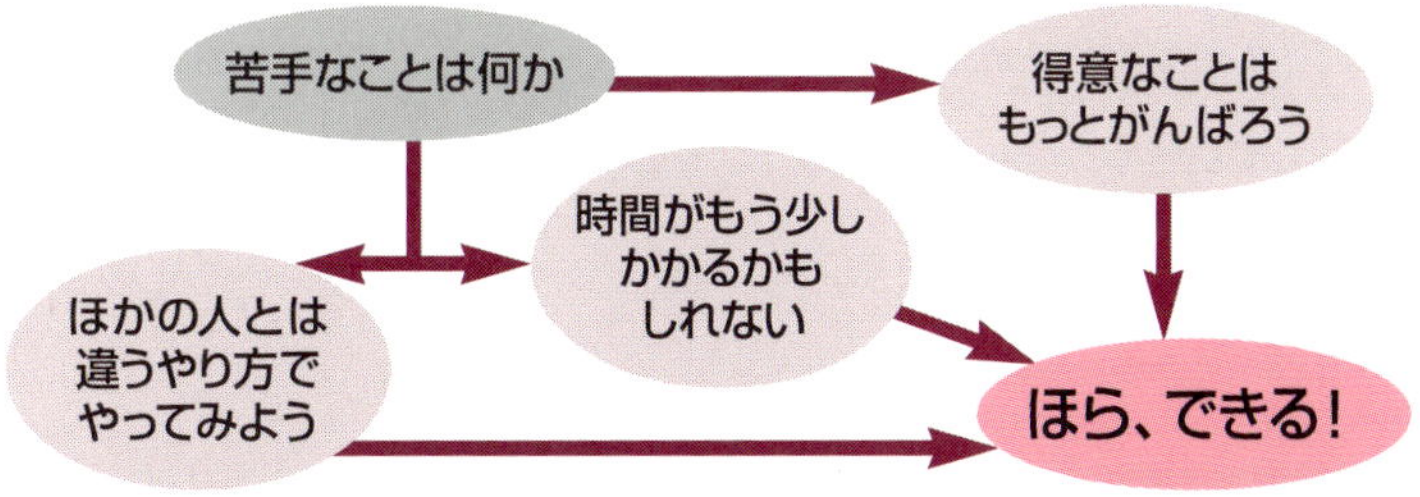
苦手なことは何か
得意なことはもっとがんばろう
時間がもう少しかかるかもしれない
ほかの人とは違うやり方でやってみよう
ほら、できる!

COLUMN

薬で治療することはあるの？

子どもによって合う薬は違う。ＡＤ/ＨＤにくわしい小児科医の処方のもとで使いたい

ＡＤ／ＨＤでは薬を使う場合がある

ＬＤと重複しやすいＡＤ／ＨＤでは、とくに多動や不注意が多い子どもに、薬を使った治療がおこなわれます。

使われる薬は、主に塩酸メチルフェニデート（商品名はコンサータ）とアトモキセチン塩酸塩（商品名はストラテラ）です。

これらの薬は、中枢神経に働きかけるもので、行動が落ち着き、集中力が高まるなど、ＡＤ／ＨＤによる症状が大幅に緩和されます。

副作用としては、コンサータの場合には食欲不振、不眠、頭痛、腹痛、チック、発熱など。ストラテラでは食欲不振、吐き気、腹痛、頭痛、眠気など。薬の作用のしかたと副作用はそれぞれ違います。どちらの薬を使うかは医師と相談します。なお、コンサータの処方と調剤は、登録された医師と薬局に限定されています。

薬は補助的なもの

コンサータは学童期である六〜一二歳まで使うのが一般的です。一日一回、朝服用すると、効果は一二時間持続します。ストラテラは成人にも使われます。効果は二四時間持続します。

薬を使って、落ち着いて学習に取り組み、よりよい行動パターンを身につけさせてこそ、薬の効果が真に発揮されるでしょう。

ただし、薬物療法はあくまでも補助的なもの。地道で根気強い対応と指導こそが、ＡＤ／ＨＤの治療の中心なのです。

2
LDのタイプは千差万別

LDには、5つのタイプがあり、さらに複数の傾向を併せもっている子どももいます。
それぞれのタイプについて、解説します。

LDの状態

苦手なことには個人差がある

ものを見て、聞いて、判断する一瞬の間に、脳はさまざまな作業をおこなっています。脳の働きは複雑で、しかも個人差が大きいもの。隣の人が自分と同じものを認識しているとは限らないのです。

ものごとを認識するしくみ

見たり聞いたりするのは、目や耳ではなくて脳の仕事です。感覚器官から入ってくる情報は、脳で処理されて初めて、意味をもつのです。

情報が入る

自分の身の回りに関する情報が、目や耳、鼻、皮膚などの感覚器官を通じて、絶えず脳に送られます。

情報処理

脳では、体の各部位から送られた情報を分析したり、それぞれをつなぎ合わせたりして、情報を役に立つように積み上げます。

ものについて認識する

外から入った情報と、自分の中に蓄えた知識を照合して、現在の状況を理解します。このとき初めて、手に持ったものが「ボールだ」と認知します。

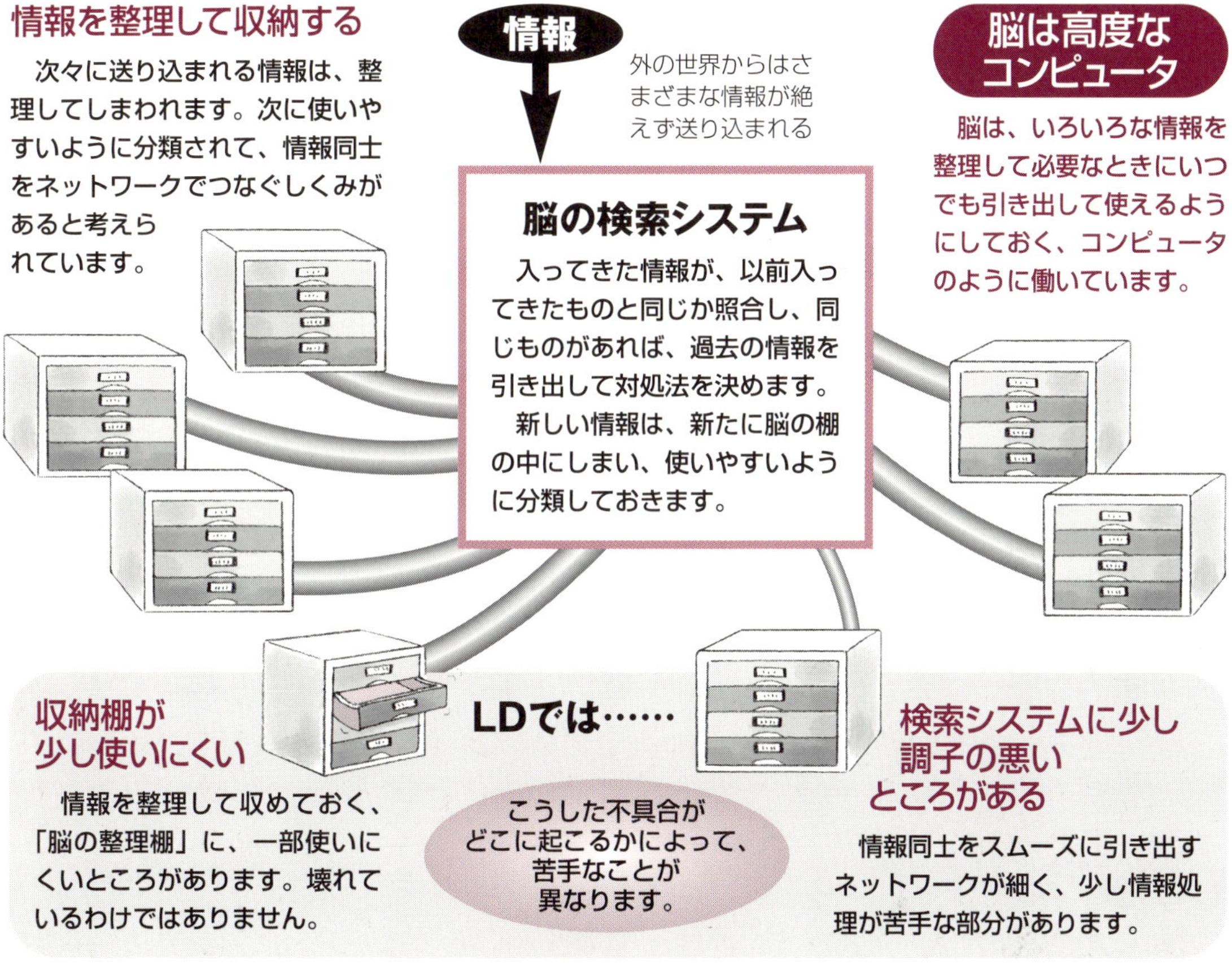
情報を整理して収納する
次々に送り込まれる情報は、整理してしまわれます。次に使いやすいように分類されて、情報同士をネットワークでつなぐしくみがあると考えられています。
情報
外の世界からはさまざまな情報が絶えず送り込まれる
脳は高度なコンピュータ
脳は、いろいろな情報を整理して必要なときにいつでも引き出して使えるようにしておく、コンピュータのように働いています。
脳の検索システム
入ってきた情報が、以前入ってきたものと同じか照合し、同じものがあれば、過去の情報を引き出して対処法を決めます。
新しい情報は、新たに脳の棚の中にしまい、使いやすいように分類しておきます。
LDでは……
収納棚が少し使いにくい
情報を整理して収めておく、「脳の整理棚」に、一部使いにくいところがあります。壊れているわけではありません。
こうした不具合がどこに起こるかによって、苦手なことが異なります。
検索システムに少し調子の悪いところがある
情報同士をスムーズに引き出すネットワークが細く、少し情報処理が苦手な部分があります。

脳の中はいつでも整理中？

外部から入った情報を、脳は一瞬のうちに処理しています。これは、脳が蓄積した情報を整理し、よく使うもの、関連するもの同士をネットワークでつないで、よりすばやく情報が処理できるように、働いているためです。

LDは、こうした整理やネットワークに苦手な部分がある状態だと考えられています。

LDは手助けの必要な個性

私たちの脳はかなり個人差が大きく、得意・不得意な部分のかたよりがあります。これが私たちの個性でもあります。目で見たものをすぐに覚えられる、一度聞いたメロディは忘れないなど、感覚的にもかたよりがある人は多いものです。

LDは、いわばこうした個性が強く、認知に何らかの援助が必要な状態なのです。

LDのタイプ①

読み、書き、算数がなかなかうまくいかない

いろいろあるLDのタイプのなかでも、もっとも中核を占めるタイプです。医学的に「学習障害」という場合には、このタイプを指して使います。

LDの中核をなす3要素

学習に関する力のなかでも、もっとも基本的な力です。

読む力

書かれた文字を読みとる力です。文字の1つひとつを音にするだけでなく、話の流れ、意味などを読みとるまで、さまざまな力が必要です。

算数の力

計算の力以外に、推論する力、量や空間を計測する力、時間の感覚など、日常生活に欠かせない考え方が含まれます。

書く力

文字を書く力です。音をひらがな、カタカナで表したり、単語を漢字で書く力です。音を聞いて書く力と、自分が考えて書く力とに差がある場合もあります。

なぜか読み、書き、算数が極端に苦手

LDにはいろいろなタイプがあります。なかでももっとも学力にかかわるのが、読み、書き、算数が苦手なLDです。

読みや書き（書字《しょじ》）は、学習に欠かせない力ですから、ここが苦手だと、たとえ能力があっても、教科全般の学力が伸びません。また、算数が苦手だと、計算問題だけでなく、いくつかの条件から結論を導く「推論」などの思考ができないなどの問題があります。

「文字を読むのが苦手」な理由には、いろいろな認知のクセが関係し、原因には個人差があります。そのため、子どもによってその指導法は異なります。

現れる困難はさまざま

読み書きが苦手な場合に現れるサインを紹介します。ひと口に読み書きといっても、どの段階での認知にクセがあるかによってサインが異なります。

が＝GA
っ　K
こ＝KO
う＝U

学校

意味と言葉はつながっている

言葉の理解には問題ありません。自分の身の回りの事柄については、話す言葉と、その意味は把握できています。

●音と文字のつながりが苦手

「が」が「GA」という音を示す記号であることが、なかなか頭に入っていきません。

●表記上のルールを守れない

「っ、ゃ、ょ」などの小さな文字を正しく発音できず、飛ばして読んだりします。書く際にも、正しい位置に記すことが苦手です。

●文のつながりを区切れない

「がっこうへいく」という文を「がっこう　へ　いく」というように、意味で区切って読むことができません。文の意味をとらえず、1字ずつ読む「逐字読み」をします。

●漢字が正確に書けない

ひらがな、カタカナは何とかついていけても、漢字を学習するようになって問題が表れる子どももたくさんいます。画数が多く、複雑な漢字ほど、苦手です。

●音読み、訓読みが苦手

1つの漢字が複数の読みをもっているときに、とっさにどう読むのか判断できません。また、不規則な読み方をする漢字も、なかなか覚えられません。

ディスレクシアってどんなもの?

ディスレクシアは、欧米では以前から使われていた言葉で、日本語では「難読症《なんどくしょう》」といいます。その字のとおり読むことがむずかしい症状で、LDの読み書き障害を指しています。

欧米では、LDのなかでもディスレクシアが約八〇パーセントと多く、LD指導の中核を占める概念です。しかし、日本ではLD理解の歴史が浅く、あまり知られていない言葉です。今後、LDへの対応が深まるにつれて、ディスレクシアも広く使われるようになるでしょう。

LDのタイプ②

言葉の使い方、聞きとり方にかたよりがある

言葉の問題には、聞きとりや話す力のかたよりだけではなく、会話を進める力、いわば相手の表情や言外の含みを読みとる力も含まれます。

言葉を聞く、話すための問題は3つある

聞きとるのが苦手

話を聞くときに、
集中力が続かなかったり、
注意がそれやすいと、なかなか
頭に入りません。

記憶や筋道を立てるのが苦手

聞いたことをすぐ忘れてしまう、
聞き直しが多い子どもでは、
相手の話したことをとっさに
頭にとどめておけない、
理解しきれていないなどの
原因が考えられます。
また、自分の考えを整理するのに
時間がかかると、
話すまでに時間が
かかったり、
あせって上手に
話せなくなったり
します。

話すのが苦手

スムーズに話せなかったり、
あれ、それなどの指示語を
多用したりします。
言葉は理解できていても、
話をまとめる力にかたよりがある、
正しく発音できない
（構音《こうおん》に問題がある）など、
さまざまな原因が
考えられます。

インプットの問題とアウトプットの問題がある

私たちは幼いころ、周囲の人が話す言葉を聞いて、ものと名前の関係を覚え、話す力を養います。

言葉に関する問題は、聞きとり（インプット）が苦手なタイプと、話すこと（アウトプット）がうまくできないタイプに分けられます。

コミュニケーションが苦手な場合もある

言葉そのものを使う力に問題はないものの、自分の考えを伝える、会話するなどのコミュニケーションが苦手で、さまざまなあつれきが起こる場合も、広い意味での言葉のトラブルに含まれます。

●反語やからかい、しゃれがわかりにくい

相手のニュアンスや、言外の含みを読みとるのが苦手で、言葉を額面どおりにしか受けとりません。

●相手の返事にあまり注意を払わない

相手が返事をしたり、意見を言っても、それを会話の流れに反映させようとしません。

●話題が飛ぶ
●話したいことしか話さない

話している内容には間違いはないものの、その話題に相手が関心があるか、楽しんでいるかには無頓着です。

●雰囲気や表情を読めない

その場の雰囲気や、相手の表情を察して会話をうまくコントロールすることができません。

原因を見極めないと対処がむずかしい

たとえば、「人の話をきちんと聞かない」場合、集中力に問題がある、一度にたくさんのことを言われると混乱してしまう、覚えておくのが苦手など、いろいろな原因が考えられます。

また、話すのが苦手な子どもは、理解が不十分なのか、それとも理解はできてもうまく話せないのかなどを見極め、それぞれの特徴に合わせて対処しなければなりません。

本人の不自由さがわかりにくい場合も

言葉を理解し、話す力があっても、相手の表情や言外の含みを読むなどの「コミュニケーション」の力がないと、言葉を使いこなしているとはいえません。

コミュニケーションに問題がある場合には、言葉の問題として見えにくく、本人の不便さが周囲にわかりにくい場合があります。

LDのタイプ③

友達同士のルールがわからない、守れない

社会性のトラブルは、LDの定義には含まれません。しかし、学力のつまずきから気持ちが不安定になったり、社会性を学ぶのに時間がかかるなど、二次的に起こってくる問題の一つです。

遊びの場のマナー、ルールは意外と多い

友達との遊びは、ルールや順番を決めるなど、人と議論する最初の場です。遊びの場では、じつに多様な社会的活動がおこなわれています。

ルールを決める、守る

ルールを公平に決めないとケンカのもとになるとか、守らないといやな思いをするなどを通じてルールを守る姿勢を身につけます。

話し合う

いやなことがあったり問題が生じたときに、話し合って解決しようとします。

学校は、子ども同士で社会性を学ぶ場でもある

共感する

楽しいこと、同じことをいっしょにすると連帯感、共感が生まれます。

自分の考えを相手に伝える、納得させる

意見があるときや、人の意見に疑問を感じたときなどに、自分の考えを伝え、相手を納得させたり妥協点《だきょうてん》を探したりします。

集団生活でよく見られるサイン

学校生活では、社会性の問題は友達づき合いの場面でよく見られます。トラブルが多いだけでなく、マイペースで友達が少ないことも、社会性を育てる点からはあまり望ましいことではありません。

●乱暴でケンカっ早い

とくにAD/HDを合併している子どもに多く、がまんがきかないために、ほかの子どもとケンカになったりします。

●適切な言葉遣いができない

本人に悪気はなくても、人のいやがることを言ってしまったり、乱暴な言葉遣いをしたりします。

●あまり他人とかかわらない
●極端にマイペース

自分が興味のあることに熱心で、人とのかかわりをあまり求めない子どもも見られます。社会性を育てるチャンスを逃してしまいます。

友達が少ない、できにくい

トラブルが続くと友達ができにくく、友達ができないと人づき合いがうまくならない……という悪循環が生じます。友達ができないことを本人が悩んでいると、不登校などの二次的な問題を招くおそれがあります。

社会性を身につけるのも学習の一つ

人づき合いのマナーやルールは、学校だけでなく、社会で生きていくうえで欠かせない技術で、ソーシャルスキルとも呼ばれます。

ＡＤ／ＨＤや自閉症では、多くの子どもがソーシャルスキルの発達に困難を伴います。ＬＤでも、ソーシャルスキルを学ぶのが遅かったり、あるいは勉強のつまずきから周囲に反抗的な態度になったりと、ソーシャルスキルが未成熟なケースがよく見られます。

トラブルを避けていては社会性は身につかない

社会性は、人と人との関係のなかで育ちます。おとなしい性格であまり目立たないＬＤの子どもや、言葉の発達が遅くしゃべらない子どもでは、人とぶつかる経験があまりありません。そのために、社会性を身につける機会を失ってしまう場合もあります。

LDのタイプ④

運動が苦手で、不器用な子どももいる

LDの子どものなかには、全身を協調させて動かすのが苦手な子どもがいます。全身運動だけではなく、手先の運動にも、さまざまな特徴が現れます。

全身を協調させて動かすのが苦手だと……

細かいものをつくれない
指先の作業がうまくいきません。ひもを結ぶ、服をたたむなどの日常的な動作が苦手だったり、やりたがらなくなります。

運動が苦手
複雑な運動に限らず、全身を使うとび箱、なわとび、ジャンプなども苦手です。

字が下手
文字を書くのに時間がかかったり正確に書けなくなります。もともと文字の理解に問題がなくても、書くのが遅いために、理解がとどこおる場合もあります。

基礎的な動作がゆっくりになる
歩いたり走ったりするのが遅かったり、長時間同じ姿勢でいられない子どももいます。

運動＝スポーツとは限らない

ここでいう運動とは、体を動かすこと全般を指します。体のあちこちを同時に動かし協調させる、微妙なコントロールを要する作業なのです。

運動させるのが苦手

運動面の困難は、LDの中核的な特徴ではありません。LDの子どもで、運動が得意な子どももたくさんいます。

しかし、体を動かすときには、脳は体のいろいろな部分を同時に細やかにコントロールしなければなりません。LDなどの何らかの発達障害がある場合には、運動の細かな調整がうまくいかない可能性が高くなります。

運動が苦手なほか、手先を細やかにコントロールできないために、不器用さも目立ちます。字がうまく書けないために、言葉の習得が遅れるなど、ほかのトラブルと複合して起こる場合もあります。

ほかの問題を伴うおそれも

運動が苦手だったり、不器用なことを、周囲が思うよりも本人が気にしている場合は少なくありません。

できたものの差が目に見えやすいので、
よけいにつらく感じる場合も

遊びの楽しさを得にくい

運動が苦手だと、みんなといっしょに運動して楽しんだり、一体感を得るチャンスが少なく、友達をつくったり、仲間意識を育てるうえで不利になりがちです。

また、図画工作など、いわゆる勉強以外の場での楽しみも得られにくくなってしまいます。

体を動かす遊びや団体競技に参加しにくい

本人が苦手だと思うだけではなく、「○○ちゃんがいるとゲームがうまくいかない」と言われたりして、参加しにくくなってしまいます。

勉強以外での達成感を得にくい

実技系の教科の楽しさ、達成感を得られません。

自尊心や達成感を得る機会が少なくなる

本来は子どもたちに魅力的な体育や実技の時間で、達成感を感じられず、仲間意識をもつきっかけが少なくなります。また、友達から「下手だね」と言われると、自尊心が育ちにくくなります。

LDのタイプ⑤

落ち着きがない、その場に適した行動がとれない子ども

行動面の困難が目立つのは、AD／HDの子どもです。しかし、多動性以外にも「場面に適した行動がとれない」場合はたくさんあります。

クラスで目立つ子どもたち

LDの子どもによく見られる行動面でのかたよりには、いくつかのパターンがあります。

一つは、もっとも目立つもので、LDとAD／HDを合併しているタイプです。AD／HDの子どもは、幼いころから「落ち着きがない、走り回る」などの特徴が目につきやすく、周囲の人が早くから気づきます。

もう一つは、逆に動作が極端にゆっくりなタイプです。AD／HDのような「多動」に対して、「寡《か》動《どう》」と呼ばれます。

また、気持ちをコントロールする力が弱く、突発的に行動してしまう子どももいます。

多動性

●少しの間もじっとしていられない

●次に何をするか予測できない

非常に落ち着きがなく、絶えず何かしている子どもです。注意力が散漫のため、興味の先が次々に変わり、その結果、多動になっている場合もあります。

両極端の行動パターンがある

LDに限らず、さまざまな発達障害では、非常に活動的か、逆に極端に活動度が低いというかたよりが見られます。

どちらも……場面に適した行動がとれない

多動に比べ、寡動は問題が少ないように見えますが、どちらも、状況に合わせた行動がとれない点で、行動に困難を伴います。

寡動性

●動きがゆっくりで反応が鈍い

●無気力

数は多くありませんが、ぼんやりした印象で、呼びかけても反応が遅く、積極性がないと感じさせます。

注意力、感情のコントロールがうまくできない

ひと口に「落ち着きがない」「人の言うことを聞いていない」といっても、その要因はさまざまです。

気持ちの状態にムラがある

行動に問題がある子どもの多くは、集中力、注意力の使い方にかたよりが見られます。

よく集中力がないと見られがちですが、それは正しくありません。自分が興味のあること、やりたいことには驚くほどの集中力を発揮します。集中力の使い方に、ムラがある状態なのです。

気分が変わりやすく、不安定

すぐにカッとなったり、自分のしたいことをがまんできないために、落ち着きがなくなります。

先生の声
廊下を歩く人の足音
窓の外の物音

しなければならないことに向ける注意力が弱い

自分が今していることや、1つの対象に向ける注意力が弱く、集中できません。

したいことや自分なりのルールへのこだわりが強い

しなければならないことや人から言われたやり方に柔軟に対応できず、「人の話を聞いていない」と見られてしまいます。

外から入ってくる刺激を受けとる注意力が鋭い

外からの刺激をキャッチするセンサーとしての注意力が鋭く、外界の音に絶えず反応してしまいます。

治療を並行するケース

てんかんやアレルギー、チックなどがある場合も

ほかの病気がLDと合併する場合があります。病気を併せもっている場合、病気を治療しないと、学習面の指導でもなかなか効果が上がりません。

てんかん

脳の神経細胞の一部が異常に興奮するために、倒れたり、けいれん発作を起こす病気です。はっきりとした発作がなくても、脳波検査で特徴的な脳波がキャッチされ、てんかんとわかる場合もあります。

- □以前、熱性けいれんを何度も起こした
- □熱がないのに、ひきつけを起こした
- □ボーッとしていて呼びかけても反応が弱いことがある

てんかんの発作が起こっていても、発作の程度が小さいと、ボーッとしているだけで気づかれにくい

対応 状況によって抗てんかん薬を使う

LDと重なりやすい病気がある

てんかんやチックのほか、LDによって気持ちが不安定になり、うつ状態になることもあります。

チック障害

突然、大きな声を出したり、まぶたや口をピクピクさせたりなどを繰り返し、日常生活に支障を来す状態です。音声チックと運動チックの両方が同時に起こると「トゥレット障害」と呼ばれます。

●音声チック
叫ぶ、せき払い、舌を鳴らすなどが続く

●運動チック
顔をゆがめたり、突然肩や首、足を動かしたりする

対応 専門医の治療を受ける

てんかんについてくわしく知りたい方は、健康ライブラリー　イラスト版『子どもの危ないひきつけ・けいれん』（金澤治監修）をご覧ください

病気が勉強に集中できない状況をつくる

病気が原因で学習が困難になり、LDと間違われやすいケースがあります。まず、もととなる病気への対処をしながら、学習の進み具合に応じた指導をします。

視力や聴力に問題がある

視力が弱かったり、斜視のためにものが見えにくいと、学習には大きな影響が出ます。また、慢性的な中耳炎を起こしたりして聴力が落ちているケースも同様です。

返事が遅い

片目をつぶって見る
3×3=
7×2=
6×9=
5×1=
首をかしげて見る

アレルギー性疾患

ぜんそくや慢性鼻炎などのアレルギー性疾患があると、身体的な症状に注意が向いてしまうため、集中力が続きません。

対応 治療をおこなったうえで、理解度に合わせた教育的支援をおこなう

てんかんやチックがよく見られる

熱性けいれんを繰り返し起こしたLDの子どもで、時にてんかんを合併している場合があります。

また、「チック」もよく見られます。以前、チックの原因は精神的なものだといわれていましたが、最近は、チックを起こしやすい体質に、心理的な要因が加わって発症すると考えられています。

てんかんもチックも、必要であれば薬による治療がおこなわれます。

視力や聴力に問題があると集中力が下がる

視力や聴力の問題やアレルギー性の疾患《しっかん》は、LDと併発しやすいわけではありません。しかし、これらの病気があると、学習に集中することがむずかしくなるため、LDと間違われる場合があります。

アレルギー性の疾患などは、適切な治療で改善するので、早めの発見、対処が重要です。

COLUMN

こんなにたくさん! LDの有名人

個性的な成功者が多い?

LDやAD／HDで、成功を収めた人は、数多くいます。

発明王として有名なトーマス・エジソンは、幼いころからとっぴな行動が多く、たった三ヵ月で小学校を放校になったというエピソードはよく知られています。

エジソンの伝記や自伝をくわしく見てみると、エジソンはAD／HDではなかったかと思わせる記述があちこちにあります。

また、物理学の巨匠《きょしょう》、アルバート・アインシュタインは、数学以外の成績はからっきしで、LDの傾向が顕著だったといわれています。

アメリカの作家、ジョン・アーヴィングは、自分がディスレクシアと気づいたのは大人になって子どもをもつようになってからでした。

理解が成長を支えた

こうした人々に共通しているのは、周囲に理解する人がいたことです。エジソンの場合、学校に行かないかわりにお母さんからたくさんのことを教わって少年時代を過ごしました。ジョン・アーヴィングは、自分のペースで仕事ができるから、小説家として成功できたのです。

LDという、困難にぶつかりやすい特性がある子どもにとって、理解し、支えてくれる存在がいかに大きなものか、こうしたケースは教えてくれるのです。

3

特別支援教育の始まり
～LD教育はこんなふうに変わる

特別支援教育が始まり、LDの子どもの教育の選択肢が増えました。教室での対応、通級による指導など、LDの子どもをめぐる教育法や新しいしくみを見ていきましょう。

LDの判断①

学校が保護者の同意のもと、専門家に相談する

特別支援教育では、LDなどの学習に困難のある子どもを、教室だけでなく学校全体で支えるしくみがつくられました。

担任の対応に、学校、専門家がかかわるしくみができた

親からの相談、学級担任の気づきを、学校全体で議論し、必要に応じて専門家の援助を学校を通じて受けるしくみが始まりました。

保護者

相談　親からの相談、学級担任の気づきなど、きっかけはさまざま。まず、子どもの学校や家での様子についてよく話し合う

必ず保護者の同意を得る　検査も含めて、専門家チームへの照会には、必ず保護者の同意が必要

学級担任

相談・報告　学級担任から校内委員会に報告、相談する

校内委員会

学校内で、学習上の支援を必要としている子どもを援助するための組織です。直接子どもを指導する学級担任の相談窓口となり、子どもの状態、指導方針を具体的に考え、個別の指導計画の作成に協力します。また、専門家チームとの連携窓口にもなります。

主な任務

- 学習のどんな点に、どんな困難があるかなどを把握する
- 個別の指導計画の作成に協力する
- 校内の協力態勢をつくり、教職員への共通理解をうながす
- 巡回相談員、専門家チームに相談するかを検討する

など

■校内委員会の構成メンバー

学年主任、教務主任、特別支援学級の担当教員、養護教諭、教育相談担当者、特別支援教育コーディネーターなど

特別支援教育コーディネーターとは、学校内での特別支援教育の学校内外の連絡、調整を担う業務。学校によって異なるが、1人～複数の教職員で担うケースが多い

教室での対応から学校の対応へ

特別支援教育では、担任の先生だけでなく、学校全体で学習に困難のある子どもをサポートするしくみがつくられています。

まず、学習に困難のある子どもがいる場合、担任の先生が校内委員会に報告します。

校内委員会では、その子どもについて、認知の特徴、指導のしかたなどについて検討し、学級担任をサポートしていきます。

ただし、校内委員会はLDかどうかの判断はしません。より専門的なアドバイスを要するかを検討し、保護者の同意を得たうえで、専門家チームへ相談します。

たくさんの専門家が慎重に検討する

専門家チームは、LDかどうかを判断します。そして、その根拠と、子どもをどのように指導したらよいか、特性にそって具体的な助言をおこないます。

相談

専門家チーム

地域の教育委員会に設置される組織で、自治体によっては専門委員会とも呼びます。学校から相談のあった子どもについて、専門的、具体的、そして実際に即した助言をおこないます。

また、指導法が効果を上げているかどうか、定期的な見直しも重要な仕事です。

主な任務
- LD、AD/HD、自閉症スペクトラムかどうかの判定と、それに即した対応の指導
- 子どもに合った指導形態、教室での対応、教科別の指導内容について、具体的な助言をおこなう
- 学校内の研修に協力する

など

■専門家チームの構成メンバー

教育委員会の職員、特別支援学級の担当教員、「通級による指導」教室の担当教員、通常学級の担当教員、心理学の専門家、医師など

このほか、「特別支援教育士」などの、発達障害のある子どもへの支援の専門家を含むところもある

医療機関や検査機関を紹介することも

専門家チームに、医師が含まれない場合には、医学的な検査がおこなえる医療機関を紹介し、受診を勧めます。

- LDにくわしい医療機関
- 教育センター、発達障害者支援センター

など

LDの判断②

検査によって「ほかに原因がない」ことを確かめる

LDをはじめ、発達障害の判断はむずかしいものです。検査によって、原因となる病気がない、一時的な状態ではないことなどを確かめます。

医師による診察がおこなわれる

脳波検査や、CT、MRIなどの画像検査で、てんかんなどの脳の病気がないかを調べます。また、幼いころの様子、成長の過程なども細かに確認するため、親子いっしょの受診が必要です。

幼いころに現れたサインを確認する

- 言葉が出るのが遅かったり、かたよりがなかったか
- 大きな音やきつい色を極端にいやがるなどの敏感さがあったか
- 興味や関心の幅が狭く、できることとできないことの差があったか
- 運動が苦手だったり、不器用さが目立ったか
- 落ち着きがなく、必要以上に動き回ったりしなかったか
- 子ども同士で遊ぶのが下手で、ケンカしがちだったか

など

幼いころの様子を記した母子手帳や日記があると役立つ

心理検査も参考にする

心理検査では、全体的な知能に遅れがないことを確かめます。また、認知のうち、どの力にかたよりがあるかも調べます。

●心理検査について知っておきたいこと

- 子どもの状態で結果が変わる
- 重要な個人情報が含まれる
- 検査によって特性が多少異なる

心理検査では、認知のどの部分にかたよりがあるかや、どんな特徴があるかなど、指導の際に欠かせない情報がわかる。また、心理検査の結果と、学力の程度の差は、LD判断の材料の1つとなる

LDの判断は専門家でもむずかしい

LDかどうか判断するときは、まず医師の診察によって、ほかに原因がないか確かめます。さらに、心理検査もおこないます。心理検査では、知能の遅れがないことや、認知のクセなどを把握します。

心理検査は、そのときの子どもの状態によって結果が変わるなど、非常に微妙な検査です。検査結果の守秘義務など倫理上の規定が定められていて、誰でもおこなえる検査ではありません。

レッテルではなく支援の始まり

検査によって、わざわざ「LD」と名前をつけることに反感をもつ人もいます。しかし、本当に重要なのは、LDかどうかではありません。検査で認知のクセのパターンがつかめれば、その子どもに合った教材を選び、指導法を工夫する突破口となります。

LDの判断は、より具体的な支援の始まりなのです。

LDの判断は支援の入り口

医学的・心理的・教育的観点をふまえて、専門家チームがLDかどうかを判断し、その根拠と、具体的な指導への助言を校内委員会へ伝えます。なお、学習に困難のある子どもなら、必ずしもLDでなくても、支援の対象になります。

医学的には……
学習の困難を招く可能性のある障害や環境要因がない

心理検査では……
明らかな知的発達の遅れがない

教育的には……
国語や算数など、基礎的な学力に遅れがある。また、教科間のばらつき、得意と苦手の差が大きい

↓

専門家チームによるLDの判断

↓

個別の指導計画の作成
心理検査の結果や現在の学力、専門家チームの助言をもとに、通常学級の担任教員、「通級による指導」教室の教員、特別支援教育コーディネーターらを中心に、校内委員会では日々の具体的な指導法や目標を盛り込んだ「個別の指導計画」を作成します(→P68)。

↔ 定期的に見直す

支援計画のチェック
個別の指導計画は、定期的に見直して、うまく機能しているかどうか、改善するべきポイントはあるか、学校が担任の先生をバックアップできているかなどをチェックします。

教育サポートの考え方

理解の程度、認知のクセ、やる気の三つをチェックする

学習する力にかかわる要因は三つ、さらにそのなかにはたくさんの細かなことががあります。学力が伸びない理由は、それこそ子どもの数だけあるのです。

3つがそろわないと学習は進まない
理解の程度、認知、やる気が3つそろって初めて学習が進みます。
理解の程度
知識を増やすだけではなく、何を、どこまで理解しているかに合わせて学ばないと学力はつきません。
やる気
勉強をやろう、がんばろうと思う気持ちがあるのとないのとでは、学習の効率は当然変わります。
認知
見たり聞いたりした情報を、脳で整理する一連のプロセスです。新しいことを学習するうえで欠かせない脳の働きです。

対応は理解から始まる

教育サポートの第一歩は、子どもがどこで、どんなふうにつまずいているのかの見極めです。

学習にかかわる要素は、大きく分けると理解の程度、認知、やる気です。この三つがそろって初めて、学習が軌道にのります。認知にクセがあると、やる気があっても思うように学習が進みませんし、認知のクセが少なく理解できていても、やる気がなければ当然学習はとどこおります。

この三つのうちどこがうまくいっていないのかをまず見極め、さらに具体的にどんな問題があるのかをつかまないと、効果的な対応策は立てられません。

つまずきの原因を見極めて対策を立てる

原因がどこにあるのかによって、必要な支援は異なります。

ゆっくり学ぶタイプもいる

スローラーナーと呼ばれるタイプで、理解のスピードがゆっくりです。

認知に特徴的なクセがあるタイプ

脳での情報処理や認知のしくみにかたよりがあるために、ほかの子どもとは同じように学べず、理解が進みません。

チェック

- どんな認知が苦手か？
- どんな特徴があるか？
- 現在はどうやっている？

やる気が損なわれているタイプ

勉強嫌いなどのほか、認知のクセがあるために学習がとどこおり、二次的にやる気が損なわれているケースも少なくありません。

- どんなことが苦手か？
- 勉強が嫌いになるきっかけがあったか？
- 現在どんな指導を受けているか？

チェック

教室での対応①

工夫しだいで理解度、やる気は上がる

子どもに合わせた指導のやり方はいろいろあります。
こうした工夫は、ＬＤの子どもだけではなく、教室内の子どもすべてに対する配慮につながります。

わかるように教える

ＬＤの子どもたちがふだん過ごす通常学級でこそ、さまざまな指導の工夫がなされるのが理想的です。通級による指導は一週間に最大八時間までですから、理解度を上げるには、通常学級での取り組みが欠かせません。

通常学級では、子どもの理解をうながす工夫はもちろんのこと、教室全体を落ち着いた雰囲気にするのも効果があります。

伝え方の工夫はたくさん

学習が進まない理由は、子どもによって違います。子どもの認知のクセ、集中力の状況によって、伝え方の工夫、必要なサポートは異なります。

①プリントをやる
先生に出す
体育館へ行く
②
はい！　A君、よく聞いて！

①指示はわかりやすく

「プリントが終わった人は、先生に出して体育館に行って」と一気に話すのではなく、内容ごとに分けて言ったり、黒板に明記するなど、わかりやすく伝えます。

②注意をうながす

とくに集中力が弱い子どもには、大切なことを言う前に注意を向けさせましょう。

問題のレベルに幅をもたせる

LDではない子どもたちでも、学習の理解度は一人ひとり異なります。ある程度レベルに幅のある問題が用意されていると、授業で達成感を感じさせられます。

こうした対応は、LDの子どもに限らず、教室にいるすべての子どものニーズに応える指導につながります。

③教室のなかを落ち着いた雰囲気にする

AD/HDの指導でよく用いられる方法です。教室の飾りを少なくして落ち着いた雰囲気にすると、気が散るのを防ぎます。

④前のほうの席に座らせる

先生の近くのほうが、集中しやすくなります。また、指導する側としても、学習の様子に目を配りやすくなります。

⑤答えられる質問をする

理解度に合わせた質問をして、子どもが発表できる場面をつくります。

いろいろな方法で伝える

身ぶりや図を使って説明すると、よりわかりやすくなります。言葉で伝える場合にも、明確に、具体的に伝えます。

⑥教材を工夫する

書きとりが苦手な子どもには、授業の要点をまとめたプリントを補助的に使って書きとりの負担を軽くしたり、読みとりが苦手なら、図を使ったり、あいまいな言い回しを避けるなど工夫します。

教室での対応②

多方向から伝え、理解させよう

どんなに長時間、細かに教えても、子どもが理解できる方法でないと効果は上がりません。「先生のやり方」ではなく「子どものやり方」に合わせる工夫も必要です。

入り口は一つとは限らない

私たちが情報をキャッチして理解したり、自分なりに考えるには、目で見て、耳で聞くことはもちろん、手で書いたり、朗読したり、とたくさんの方法があります。

ＬＤの子どもの指導では、そのすべてをフルに活用して、苦手な部分を補います。たとえば目で見るのが苦手なら、そのぶん耳で聞く情報を増やすなど、別の方法で学習するのです。

ただし、こうした方法では、ほかの子どもに比べ、時間がかかるケースが少なくありません。そこで、授業時間以外に補充学習の時間をつくったり、宿題で理解を補う場合があります。

子どもの特性に合わせた教材もある

最近では、学びにくさのある子どもたちのための教材も市販されています。文字だけでなくイラストや図を使ったり、答えをカードで提示するなど、子どもの特性によってさまざまな使い方が工夫されています。

教科ごとに、子どもの特性に合わせたさまざまな教材がある

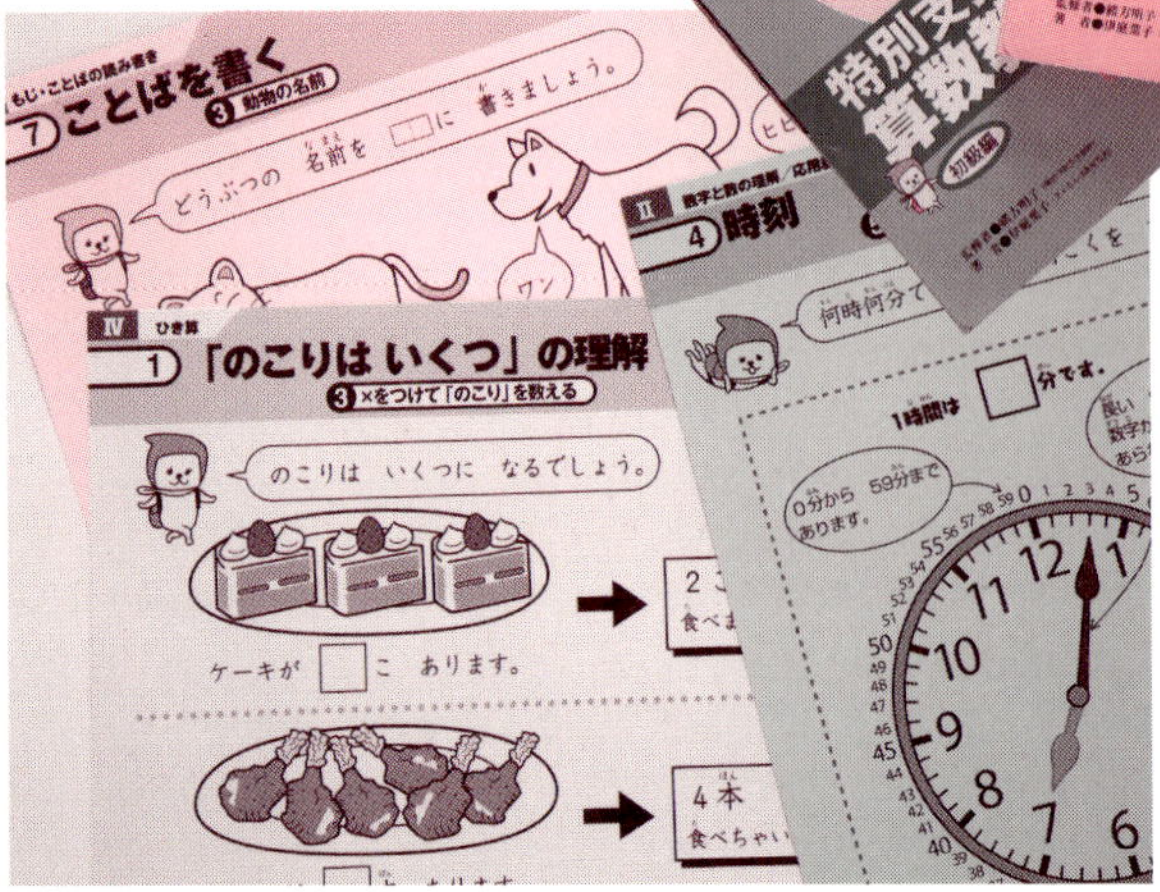

コピーして繰り返し学習できるように工夫されている

補助線のついたノートを使う

文字や図形を描くのが苦手な子どもは、補助線のついたノートや、方眼紙を使います。算数でも計算に方眼紙を使うと、桁《けた》の理解を助けます。

メロディや語呂《ごろ》を使う

歴史の年号を覚えるのと同じ要領で、メロディをつけたり、語呂合わせをします。脳のいろいろな働きを活用して、多元的に記憶するのです。

あ
♪よこ書いて〜
たて書いて〜
ぐうううううううるりと
「あ」ができた〜♪

子どもに合った方法を活かす

反復や従来の方法にこだわらず、子どもの「我流」を上手に活用します。

子どもの方法を否定しない

無理に標準的な方法に合わせてやる気を失わせるよりも、ある程度許容して、子どもの学びのペースに合わせたほうがうまくいくようです。

学校での取り組み、事前準備について、家庭との連携をとる

学校でどんなことをしているのか、家庭でできることは何か、共通の理解が必要です。

家庭での取り組み
◆教材を読む練習やふりがなつけ
◆宿題の徹底

学校での取り組み
◆子どもに合った教え方
◆学力の補充

家庭との連携が欠かせない

授業時間外の勉強や事前準備については、学校と家庭が連携している必要があります。

学校の方針について保護者が理解し、宿題や事前準備を家庭でサポートできるよう、お互いに共通認識をもって取り組むとよい結果が得られます。

通級による指導①

子どもが必要とする「プラスα《アルファ》」を提供するしくみ

「通級による指導」とは、子どもの特性に合わせて、通常学級や「通級による指導」教室を行き来する指導法です。子どものニーズに合わせて、キメ細やかな指導ができます。

通常学級で得るものは多い

LDの子どもの場合、多くは通常学級に籍を置いて、必要なときに通級による指導を利用します。

通常学級では、授業はもちろん、集団生活のルールなど、学ぶべきことがたくさんあります。

基本は通常学級で過ごす

通常の学級で、学習を含む活動に参加し、一部特別な指導を「通級による指導」教室で受けます。

通常学級で受けること

ホームルーム
課外活動
支障ない範囲での通常授業

特徴に合わせた指導で力を伸ばす

障害の程度、種類に応じて、子どもが必要な指導を提供するしくみです。認知のクセ、不得意な教科によって、それぞれに合った方法で指導します。

「通級による指導」教室

障害の種類、程度に応じて、その子どもに合った指導方法を提供する場所です。学校や地域によって、「通級指導教室」「リソースルーム」など呼び名の違いがあります。通常の学習方法では学習がむずかしい授業のときに利用します。

時間割、指導内容に応じて、利用する時間は変わる

以前は、通級による指導に細かい時間制限がありましたが、現在は時間割や指導内容に応じて、1週間に8時間最大限使う子どもから、1ヵ月で1時間程度利用する子どもまで、利用する時間の自由度が高くなりました。

通級には3つの形がある

- **自校通級**
  自分の通う学校に「通級による指導」教室があり、校内で通級する
- **他校通級**
  自校に「通級による指導」教室がなく、別の学校まで通って利用する
- **巡回指導**
  「通級による指導」教室の教員が、複数の学校を巡回して指導する

通う

学ぶ力を上げる

基本的な学力を身につけ、自分に合った学習法をマスターします。

戻る

通常学級での授業に復帰する

通常学級での工夫も欠かせない

通常学級では、集団のなかで子どもの特性に配慮しつつ指導がおこなわれます。小集団でのグループ指導（チーム・ティーチング）が工夫されることもあります。ちょっとした配慮でも、学習はスムーズに進みます。学習が進むと、やる気が出て理解も進むというよいサイクルが生まれます。

特徴に合わせて学ぶ場をつくる

しかし、LDの子どもにとって、通常学級でほかの子どもといっしょに授業を受けるのは、時に大きな負担になります。また、大勢の子どもたちを指導する先生の努力にも、おのずと限界があります。

こうした場合に、通級による指導の場があれば、子どもが苦手な教科や分野について、認知の特性に合わせて教えられます。通級による指導で学力が上がれば、再び通常学級の授業に切り替えます。

通級による指導②

期間、内容は子どもによって異なる

通級による指導を始める時期や、どのくらい続けるかには個人差があります。利用のしかたはそれこそ子どもの数だけあります。

指導内容はニーズに応じて変わる

低学年から始めた場合、学習に必要な素地を早く固めることができるメリットがあります。

最初は……

学習に必要な、基本的なことを身につけます。

認知のクセに合わせて学習する

目で見て覚えるのが苦手な子どもには文章を読み聞かせるなど、子どもに合った学び方で学力を養います。

LDへの支援が進んでいる欧米では、早く支援を始めるほど、学年とともに通常学級で過ごす時間を長くできることが明らかになっています。

力がついてきたら……

学年相応の問題にも取り組んで、応用力を高めます。

問題の難度に合わせて理解力を高める

通常学級で過ごす時間が増えるよう、教科ごとの学力を高める学習をします。

早めの対応が理想

通級による指導では、典型的なパターンはありません。

ただ、LDの子どもの場合、低学年のうちに通級による指導を利用して、認知のクセに合わせた指導を受けていると、学年が上がるにつれて、通級を利用する頻度が少なくてすむようになります。

高学年になって、学習内容が複雑になって初めて問題が表面化する子どももいます。しかし、ほかの子どもとの差が開いてからの指導開始では、差を埋めるのに時間がかかります。また、それまでに子どもにかかる負担を考えると、早く子どもの困難を見抜き、対処するに越したことはありません。

1対1〜少人数のグループで指導する

「通級による指導」教室では、子どものニーズによって個別指導やグループ指導をおこないます。

個別指導がおこなわれる

学習する習慣が身についていない、集中できない子どもでは、1対1の指導が向いています。

隣の子どもとの間が仕切られている「個別ブース」式を導入している地域もある

学習に慣れてきたら……

次第に勉強に気持ちが向き、一人で集中できるようになってきます。

学習の内容に合わせて

ソーシャルスキルやグループ学習の時間には、ほかの子どもといっしょに活動します。

少人数のグループで学習を進める

グループでいっしょに学習するほか、通常学級に雰囲気を近づけるために、一人ひとり別の勉強をする形もあります。

1グループに1〜2人の教員がついて進める

個別指導や少人数のグループで学ぶ

「通級による指導」教室では、子どもの理解の程度や学習内容に応じて、一対一の個別指導のほか、少人数のグループで指導します。自治体によっては、個別指導用のブースの設置を進めています。

学習を習慣づける

楽しく、やりがいを感じられるようにする

誰でも、がんばっているのにしかられてばかりでは楽しくありません。LDの子どもは、学習に気持ちが向かなくなっているケースが少なくありません。

成功は成長の糧になる

よく「失敗は成功の母」といいますが、あまりにも失敗が多ければ、かえってやる気はそがれます。

LDの子どもも、がんばっているのになかなかできるようにならず、しかもそれを周囲からとがめられてばかりでは、学習に対する意欲は減る一方です。

LDの子どもにまず必要なのは成功すること、そしてそれを周囲が認めることです。

よい循環をつくるためには、まずどんな小さなことでも、目標を立て、どうすれば成功するか具体的に指導します。目標があれば成功したときの喜び、達成感はより大きくなるはずです。

＋が＋を生む

「子どもはほめて育てろ」といいますが、ＬＤの子どもは、より細やかに目を配り、小さなことでも、具体的にほめましょう。成功の喜びが、前進する力に変わります。

「できる」と認められることが追い風になる

周囲の人が、子どもの努力を認め、成功をともに喜ぶ姿勢が、子どもの背中を後押しします。

「できる」という気持ちが燃料になる

1つの目標を達成した自信、満足感が、ほかのこともできるかもしれない、次もやってみよう、という前向きな気持ちを生み、前進のパワーになります。

目標は大きく1つ、小分けにたくさんもつ

つまずきやすいＬＤの子どもに成功の手ごたえを感じさせるには、周囲が子どもの成長に目を配らなくてはなりません。最終的な高い目標を立てる以外にも、すぐ実行できる身近な目標をたくさん立てて、1つひとつ達成させましょう。

年間目標を1つつくる

はっきり評価できる目標を立てておきます。学習に関する目標以外に、子ども用の目標を立ててもよいでしょう。

小さな目標を立てて、少しずつ進む

単に「教室のなかを歩き回らない」と言うだけではなく、「10分間がまんする」「20分間がまんする」など、目標を小分けに立てます。

目標は教科やジャンルにかたよらず、たくさん立てる

学習以外にも、「遊ぶときは順番を守る」「給食のときは立ち歩かない」など、子どもの苦手なことに合わせます。

一人ひとり評価する

たとえほめるためであっても、他人と比べてはいけません。本人ができたこと、昨日より今日進歩したこと、そのものをほめてください。

学校での居場所をつくる

ＬＤの子どものなかには、人とのつき合いが苦手なために友達ができなかったり、勉強が苦手なために、学校を休みがちになるケースもあります。

こうした子どもたちも、やりがいを感じられる機会が増えれば、学校へ行く意欲がわくものです。教室でほめる、係を担当させるなど、周囲ができることはたくさんあります。

ただし、不登校が長引いていたり、問題が複雑になっている場合には、カウンセリングなどの対応が不可欠です。

行動を修正する

「なぜそう行動するか」の悪循環を断つ

子どもはとても正直です。思っていること、気持ちが行動となって表れます。行動を改善させるには、その気持ちを理解することが欠かせません。

問題行動の背景にあるものを探る

問題行動だけに注目せず、その子どもの気持ちの変化に目を向けて、悪循環を断ち切りましょう。

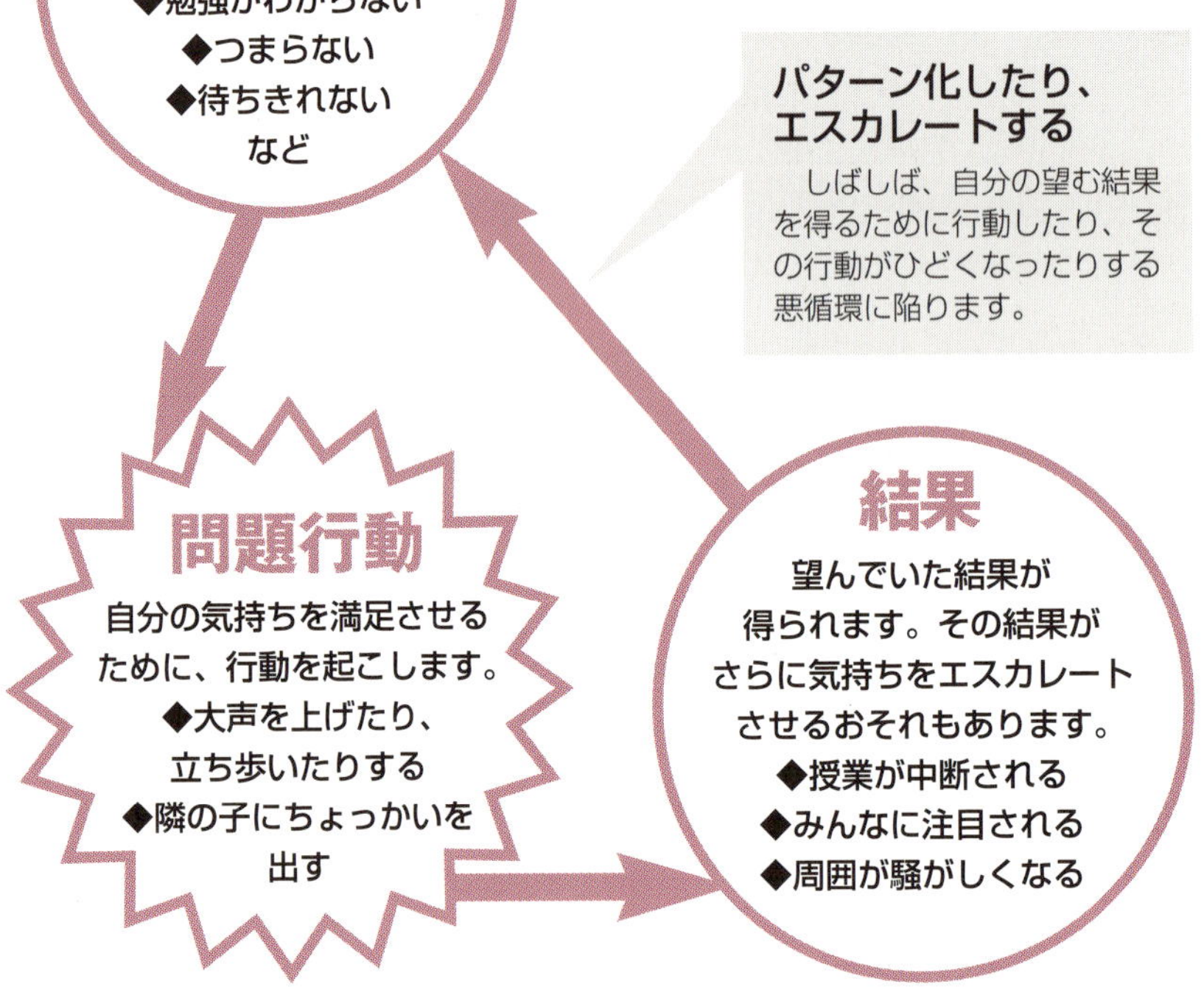
きっかけ
子どもに、問題行動を起こすもととなる気持ちがあります。
◆勉強がわからない
◆つまらない
◆待ちきれない
など
問題行動
自分の気持ちを満足させるために、行動を起こします。
◆大声を上げたり、立ち歩いたりする
◆隣の子にちょっかいを出す
結果
望んでいた結果が得られます。その結果がさらに気持ちをエスカレートさせるおそれもあります。
◆授業が中断される
◆みんなに注目される
◆周囲が騒がしくなる
パターン化したり、エスカレートする
しばしば、自分の望む結果を得るために行動したり、その行動がひどくなったりする悪循環に陥ります。

やみくもな行為とは限らない

問題行動を繰り返す子どもに、行動だけをやめさせようとしても、子どもがなぜそうするのかにも目を向けない限り、ほとんどうまくいきません。

授業がわからず、つまらないいために立ち歩くなら、授業をわからせる指導が必要ですし、がまんができなくて順番を破る子どもは、順番を守らせるのではなく、がまんをさせる指導が必要です。

また、友達とのケンカが絶えない子どもは、コミュニケーションが苦手な可能性があります。その場合、本人だけでなく、周囲がその子どもとの接し方を変えることで改善します。

「なぜそうしてはいけないか」をいっしょに伝える

問題のある子＝わからずや、と決めつけてはいけません。ただ制止するのではなく、どうすればよいかを教え、正しい行動がとれたらほめてください。

①やめさせるときには具体的に伝える

LDの子どもは、認知のクセがあるために、「この場合どうするべきか」を学習できていない場合があります。状況に応じて、適切な行動を教えます。

✕ そんなことをしてはダメでしょ！
○ みんな順番を守るでしょ。あなたもやってごらん。

②行動する前に止める

子どもが行動を起こす前に制止すると、行動する前にブレーキをかける習慣がつきます。

○ 順番守ろうね！

③やめられたらすぐにほめる

よい行動パターンを定着させるために、すぐにほめましょう。とくに他人の気を引くためにわざと問題行動をする子どもでは、行動を注意するよりも、ほめるほうが効果が上がります。

○ 順番が守れたね

理由をきちんと聞く

きっかけとなる気持ちに周囲が耳を傾け、受け止めるだけでも問題行動が減ることがあります。逆に、子どものいやな気持ちを周囲が理解しないと、なかなか改善できません。

まずなぜそうしたのか、子どもの気持ちを聞きましょう。子どもが自分で言えないなら、考えられる理由を周囲から言ってみるのもよいでしょう。周囲が子どもの気持ちを聞き、受け入れると、子どもは行動ではなく言葉で訴えようと努力するようになります。

ソーシャルスキル

コミュニケーションのルール、マナーを学ぶ

ソーシャルスキルとは、社会で生活し、対人関係を築くために欠かせない基本的な知識です。LDの子どもは、ソーシャルスキルが身につきにくい傾向があります。

頭で理解し、体で自然にできるようにする

あいさつをしたり、お礼を言ったりする決まりを頭で理解し、そして自然にできるように、少しずつ段階をふんで学んでいきます。

言葉やテキスト、モデリングなどで学ぶ

言葉だけではわかりにくい子どももいるので、子どもの理解力に合わせて、カードや文章を使って学びます。

モデリングといって、人のお手本を見て学ぶのも効果的です。

教室でやってみる

教室で先生と、または子ども同士でお礼やあいさつの練習をします。

場面を設定して、役割分担を決めて練習するほか、ゲームやプリント練習をとり入れるなど、子どもの認知のクセに合わせて、いろいろな方法でおこないます。

社会で必要な基礎体力を養う

以前は、学習の力（アカデミックスキル）とは異なり、ソーシャルスキルは集団生活のなかで自然に身につくと考えられていました。

しかし、最近ではLDのためにソーシャルスキルの習得がうまくいかない子どもや、あるいは自信がなくてソーシャルスキルをうまく使えない子どもがいるなどの問題があることがわかっています。

ソーシャルスキルは、自立した社会生活に欠かせません。「通級による指導」教室では、ソーシャルスキルに困難のある子どもたちのために、あいさつのしかたなど、人とのつき合い方のルール、マナーの指導がおこなわれています。

見て学ぶことは多い

ソーシャルスキルを学んでいる子どもにとっては、外の世界すべてがお手本となります。

悪いお手本もまねしてしまう

イライラしているときにあいさつを無視するなど、ちょっとした行動でも、子どもはまねしてしまうおそれがあります。

周りの人がよい例を示す

廊下で会ったときに「おはよう」と声をかけたり、笑顔で話すなど、子どものお手本となるよう心がけます。

「学ぶ」は「まねる」ということを忘れずに

フィードバック（ふり返る）

子どものやっている様子を見て、よいところはほめ、直すところを伝えます。ほめるときは、どこがどのようによいのか具体的に伝え、直すところは「こうするといいよ」と前向きにアドバイスします。

環境を整える

ソーシャルスキルには、環境が深くかかわります。周囲の人が気をつけると、よいサイクルが生まれます。

いつでも、どこでもできるようにする

教室の外でも、学んだことをできるようにします。

通常学級

朝や帰りのあいさつ、授業の礼など、ソーシャルスキルを磨く場面はたくさんあります。

子ども同士

ソーシャルスキルが未熟な子どもは、からかわれたりしやすいので、その点での指導が欠かせません。

家庭

学校で学んでいることを家庭が理解し、協力態勢をつくりましょう。子どもが落ち着いてソーシャルスキルを発揮できる雰囲気づくりも必要です。

続く支援を目指す

学校の枠を超えて支援プランが引き継がれる

学級内で対応していたＬＤの子どもに、学校全体が、さらには地域が教育から就労までかかわり、支援していくしくみづくりが期待されています。

小学校から学年ごとに指導内容を見直す

子どもの特性に合わせて作成される個別の指導計画は、年度ごとに見直され、改善を加えながら学年ごとに引き継がれていきます。

1年間の指導内容、成果を検討する

個別の指導計画は、目標と指導方法などを細かに盛り込んでつくられます。1学年を修了したときに、どのくらい成果が上がったかを検討します。

校内委員会がかかわる

校内委員会は、個別の指導計画の作成と検討の両方にかかわり、連続性のある支援を目指します。

伝達、引き継ぎ

次に子どもを担当する先生に、子どもの指導や成長に関する情報が引き継がれます。

次年度の個別の指導計画を作成する

前年度の実績をもとに検討を加え、次の個別の指導計画をつくります。そのため、現在の子どもの様子を正確に把握でき、子どもの成長に合わせた細やかな計画づくりが可能になります。

教育を超えた支援策も検討され始めている

個別の指導計画は、就学時期に作成するものです。しかし、子どもの生活の場は、卒業後は社会に移ります。

将来的には、学校教育だけでなく、学校を卒業したあと、福祉、医療、労働なども視野に入れた長期的な「個別の教育支援計画」をつくる必要性も指摘されています。

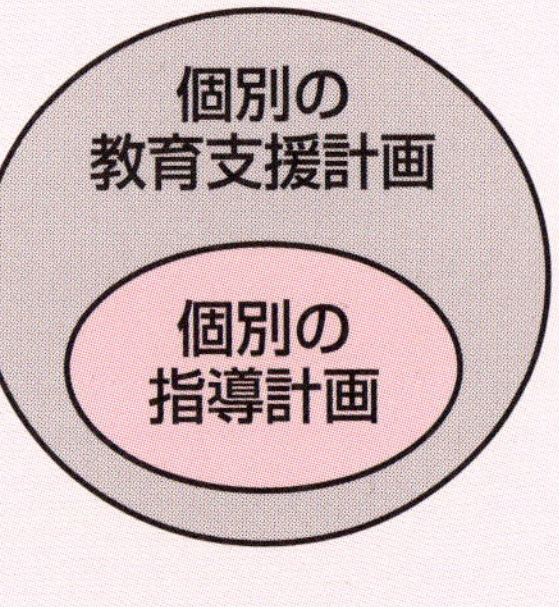

学校間、支援機関でも引き継ぐ

進学した学校でも、指導計画の引き継ぎがおこなわれます。

学校間でもプランが引き継がれる

専門家チームなどを通じて、地域が支援を必要とする子どもを支えます。

中学校、高校など

●学習内容の増加、難化
●進路指導
●教科担任制

中学校、高等学校は、学習内容が複雑になるうえ、教科ごとに担当の先生が替わるなど、ＬＤの子どもには学びにくい環境になりがちです。

個別の指導計画の作成、引き継ぎだけでなく、通級による指導の場の整備など、特別支援教育の取り組みが今後進むと期待されています。

将来的には……

●個別の教育支援計画の作成

就労、福祉に関する支援が必要な場合は関係する機関が支援計画を引き継ぎます。

■労働、就労
地域のハローワークや障害者就業・生活支援センターなどで対応する

■福祉
生活上の相談を担う
（→Ｐ94へ）

支援プランをつくりっぱなしにしない

以前は、ＬＤやＡＤ／ＨＤの子どもに学級単位で対応していたため、クラス替えで担任の先生が替わると、指導内容などが引き継がれにくい問題がありました。

しかし、これからは校内委員会を通じて、学校全体が教育的なニーズのある子どもの指導にかかわっていきます。個別の指導計画は年度ごとに見直され、翌年度に引き継がれるため、より充実した指導が可能になります。

各機関の連携が欠かせない

子どもによって、また、年齢によっても必要な支援は異なります。将来的には、労働・福祉機関が連携して支援計画を立てる必要性が指摘されています。

一人ひとりの特性に合わせた細やかな支援計画を実現するには、これらの機関が必要な情報を共有していくことが欠かせません。

進路相談

続けられる目標を、本人が設定できるかがカギ

進路を決めるときに「何がしたいか」「何ができるか」などを考慮するのはもちろんですが、もっとも大切なことは、その進路を本人が納得して選んだかどうかです。

進路は早めに視野に入れて

子どもたちは成長とともに、自分ができること、不得意なこと、したいこととの折り合いをつけて、進路を決定していきます。

ＬＤの子どもは、ほかの子どもたちに比べ、得意・不得意が早い時期から見えてきます。早いうちから進路選択を視野に入れておくのも、支援の一つです。

自分で決めたほうががんばりがきく

ＬＤの子どもは、進学、就労などさまざまな進路決定で壁にぶつかりやすいものです。このときに、がんばりがきくかどうかには、二つの要素がかかわるようです。

中学卒業後の進路

中学卒業後の進路はさまざまです。周囲は、身近な場所ではどんな進路先があるのかなどを早くからチェックしておき、子どもと話す機会をもつとよいでしょう。

高等学校

全日制・定時制・通信制・単位制などのほか、普通課程、職業課程などの選択肢があります。

高等専修学校など

職業技術などを学ぶ高等職業技術専門学校、専門学校高等課程などがあります。

一般の就職のほか、障害者採用による就職もある。パートタイマーとしての就労も多い

養護学校

地域とのネットワークが得られる、就労訓練が受けられるなどのメリットがあります。

フリースクールなど

私立学校や私塾など、さまざまな形態があります。

教育的配慮を必要とする子どもの中学卒業後の進路は、自治体によって「チャレンジスクール」など独自の名称を用いている

一つは、自分が考え選んだ進路であること。もう一つは、失敗してもそれを乗り越えられるかどうかです。人任せだったり、ほかの人と足並みをそろえるだけの進路決定は、壁にぶつかったときにがんばりがききにくいものです。逆に、自分で決めたことだと、失敗してもその原因を自分なりに考えて、次へのバネにできるでしょう。

周囲の人が子どもの得意なこと、苦手なことを把握し、相談にのることは非常に重要です。しかし、進路そのものを、周りの人が決めるのは、あまりお勧めできません。

進路のカギは学力より姿勢

進学、就職、それぞれの状況によって考えなければならないことは異なります。しかし、下の3つの要素は、いつどんなときでも欠かすことができません。

1 自分で選ぶ

いくつかの選択肢のなかから、
自分にベストと思われる進路を、
自分で選びます。
そのためには、
得意なこと、苦手なことを
きちんと知っておくなど、
冷静な判断も
必要です。

周囲は「自分で決める」ためのサポートをする

進路は一朝一夕には決められません。周囲は、相談にのったり、選択肢を増やす手伝いをして、本人が選ぶ手助けをしてください。また、幼いころから自分で考え、選ぶ力がつくように接しましょう（→4章）。

2 目的がもてる

したいことがある、
自分の能力を活かしたいなどの目的が
あると、努力、粘りがききますし、
得るものも多くなります。
選択を先送りにして
「とりあえず」決めると、
真の力をつけるチャンスには
なりにくいようです。

3 失敗から学ぶ

失敗しないことよりも、
失敗したときにどうするかを
考えられる力が必要です。
なぜ失敗したのか、
どうすればよいのか、
ほかにはどんな選択肢が
あるのかなどを考え、それを
次へのバネにします。

COLUMN

運動が脳を育てる?

運動は年齢によらずコミュニケーションを育てる大切な機会。改善にこだわらず、子どもの育ちを見守りたい

体を動かす刺激が脳に伝わる

アメリカやヨーロッパでは、古くからLDやディスレクシア（読み書き障害）に関する研究がおこなわれてきました。そのなかでも、「感覚統合療法」は、日本でも作業療法などにとり入れられ、広くおこなわれています。

感覚統合療法は、ごくごく簡単にいうと、運動や触覚（いろいろなものに触ること）によって脳のいろいろな部位を刺激し、その連携を強める療法です。

効果には限界がある

ただし、LDに関していえば、脳の発達段階にある幼児期ほど効果が出やすく、だいたい七歳までに集中的に訓練をおこなうことが勧められています。逆にいえば、八〜九歳を過ぎると、大脳は一つの発達の段階を過ぎてしまうため、それ以前と同じ効果は得られなくなります。

4
教え方、伝え方は こんなふうに工夫する

家庭は、子どもにとって安らぎの場であると同時に、
多くのことを学ぶ場です。
家庭でできる工夫を紹介します。

子どもとの接し方①

甘やかし、かまいすぎの極端さに注意して

かわいがりすぎは甘やかしにつながりますし、子どもの力を伸ばすことばかりに目を向けると、きびしくしすぎるおそれもあります。

家庭は学びの場であり、休息の場でもある

家庭は子どもにとって最初の社会です。子どもは、親やきょうだいとのかかわり、しつけを通じてさまざまなことを学びます。

LDの子どもは、家でのしつけにも、工夫や根気がいりますし、入学すれば学力のかたよりがはっきりしてきます。そのため、ともすると家族は成績にばかり目がいきがちですが、家庭ですべきことは、勉強に限りません。

むしろ、日常生活でいろいろな経験をして、たくましさや自分で選ぶ力、社会性を身につけるほうが、長い目で見れば子どもにとってプラスになります。

家族がいつも変わらぬよりどころになる

家族みんなで子どもの状態を理解し、子どもが安心して過ごせる環境をつくりましょう。

その時々で言うことを変えない

人によって言うことが違ったり、気分によって接し方が変わると、子どもは混乱してしまいます。

その日あったことを両親が伝え合う時間がもてればベスト

方針を統一する

どんなときにしかるかや、しつけの方法を、みんなで共有しましょう。

共通の認識をもつ

LDの知識や、子どもの状態について、家族みんなで話し、理解します。

こんな「しすぎ」は要注意

しかる、ほめる、受け止めるなど、子どもに接する姿勢はさまざまですが、「しすぎ」にならないように気をつけましょう。

甘やかしすぎ

子どもを猫かわいがりしたり、何をやってもしからないのでは、子どもは何もできるようにはなりません。

子どもの願いをかなえるためにすべきサポートは、子どもの言いなりになることとは違います。

かまいすぎ

子どもが苦手なことについ手を貸したり代わりにやってしまうと、いつまでもできるようにはなりません。

また、「あれやった？」といちいち確認したり、必要以上に指示を出していては、子どもの考える力が育ちません。

子どもの自立、自律を阻む

放任しすぎ

幼い子どもに「好きにしていいよ」と言ったり、むやみに自立をうながすなど、年齢に合わない接し方はよくありません。

きびしすぎ

子どもを導こうとする気持ちや期待感が強いあまり、命令や禁止が多くなったり、ほめるよりもしかるばかりになる人もいます。

自尊心、やる気が育たない

子どもとの接し方②

子どもの年齢に合わせたサポートを

子どもが何を必要とするかは、年齢によって違います。子どもの成長に合わせてともに歩みながら、支えていきましょう。

適切なサポートが子どもの強さを育てる

年齢によって、親ができること、すべきことは違います。

幼少時～低学年

●早くに相談する

LDの判断は、通常は入学後ですが、LDを合併しやすいAD/HDの子どもでは、幼少時に診断がついているケースもあります。

早く気づけばより早く支援が開始でき、学習の効果も上がります。

●子どもとのふれあいの時間をもつ

しつけや学校の勉強のフォローなどきびしくするだけではなく、子どもがのびのびと過ごせる時間をつくります。

スキンシップは小さな子どもに自信と安心感を与える

視野は広く、歩みは一歩ずつ

小学校の入学前に文字を覚えていて当然という社会では、ＬＤの子どもとその保護者には、そうとうな苦労が続きます。

その苦労を「山また山の登山」とたとえる人もいます。

しかし、山は一歩一歩登るよりほかないように、育児もまた一歩一歩です。山と、その向こうに広がる将来を視野に入れながら、足元を固め、子どもとともに少しずつ歩みましょう。

隠すことはすべての面でマイナスに

子どもが自分の状態に疑問をもったときに、ＬＤについてきちんと伝えるのはもちろん、日常生活で感じた疑問など、ささいなことでもお互いに話す習慣、雰囲気をつくりましょう。

学校の友達との問題などは、子どもはなかなか口に出して言わないものです。ふだんの様子を知っていれば、悩みや問題があるかどうかをいち早くキャッチできます。

思春期・青年期

本人が自分で選んだことを尊重しましょう。この時期は進路についての悩みや失敗が増えてきます。つらいのは誰よりも本人だということを忘れず、いっしょに考え、結論が出るまで見守ってください。「やっぱりダメだったのね」「人の言うことを聞かないから」などと責めてはいけません。

●自分のことについて

本人の得意なことはもちろん、理想に関してどんな障壁が考えられるか、客観的に判断する手助けをしましょう。

●進路について

周りの子どもがどうするかではなく、本人について考えます。なんとなく進学すると、かえってその学歴に対するプライドが、職業の選択の幅を狭めてしまう場合もあります。

高学年

●かまいすぎず、見守る

学校のしたく、宿題に直接手を貸すのではなく、子どもが忘れないように工夫するなど、自分でできるように手助けします。高学年になるほど、学習内容はむずかしくなりますが、そのぶん家庭で教えるのも限界がくることが多いようです。

家庭でできること

家庭に勉強を無理にもち込まない

家庭で身につけたしつけ、よい生活習慣は社会性、自主性を育て、子どもの強さとなります。勉強は学校に任せ、家庭だからこそできることに目を向けましょう。

家庭だからこそできる学びを大切に

家庭でも勉強させれば学力が伸びるはず——そう考える人はたくさんいます。しかし、子どもに合った方法で教えなければ、長時間机に向かっていても成果はあまり上がらず、子どもはつらい思いをするだけです。

家では、宿題、自習課題などをきちんとやる習慣をつけるにとどめ、むしろ勉強以外の経験、学びを深める機会を大切にしましょう。

とくに小さな子どもにとって、家庭は、学校とは違う大切な学びの場です。基本的なしつけ、手伝い、規則正しい生活——どれも、子どもにとっては自立に欠かせない貴重な知恵をはぐくみます。

生兵法《なまびょうほう》はケガを招きかねない

子どもの認知のクセに合わせて教えないと、成果は上がらず、苦痛だけを味わわせかねません。

親が学習した方法が、子どもにも合っているとは限らない

つまらない

学校でも、家でも勉強ばかりでは、楽しくありません。

混乱

学校で習った方法と家で教えるやり方が違っていると、子どもは混乱してしまいます。

家にいても休まらなくなる

周囲の人が考えている以上に、子どもは学校で苦労しています。家に帰ってまで勉強ばかりでは、休まる場所がなくなってしまいます。

家庭生活で身につけるべきことは多い

家庭は、自立した生活を身につける場です。あいさつや手伝いなど、根気よく繰り返し、学びの機会をつくりましょう。

規則正しい生活

●時間の感覚
●自律性

テレビを見る時間など、好きなことを自分で管理させて、時計を見て行動する習慣をつけさせましょう。時間の感覚が身につき、自律性が育ちます。

手伝い

●責任と義務
●手順や応用

家事の手伝いは、子どもにとって最初の仕事です。任せられることで責任感をもてますし、やりとげたときの達成感は子どもにとって何よりのごほうびです。

ルール、マナー

●ソーシャルスキル
●人とのつき合い方

あいさつや返事、お礼を言うなど、基本的なマナーを家族同士で徹底しましょう。

学習の応用

●実生活の能力

学校で学んだ知識を、生活に活かす機会をつくります。文字を覚えたらメモをとる、ソーシャルスキルを学んだら電話の受け応えをする、計算ができるようになったらお金を支払うなど、チャンスは工夫しだいでいくらでもあります。

家族同士では

「○○だから」と決めつけないで平等に

子どもたちと接する際のキーワードは「平等」です。子どもたちを平等に扱い、そして、どの子どもにも平等に目を向けてください。

きょうだい同士で競争させすぎない

子どもを年齢や能力で見ず、一人ひとりの特徴に目を向ける姿勢を示しましょう。子どもは大人の気持ちを敏感に察し、自然にお互いをいたわる姿勢を身につけるものです。

年上の子どもには……

LDの子どもの面倒を見たり、対応をいっしょに手伝ってもらいましょう。

LDの子どもが年上なら……

年上としてするべきことを身につけるチャンスとします。

年下の子どもには……

成績や能力を比べさせないようにします。時機を見て、LDについてきちんと説明します。

きょうだいはLDの子どもにとって、よき仲間、よきサポーターになる

上下より個々に見る

年齢できょうだいを決めつけると、きょうだいの間に競争心が生まれやすく、関係がこじれるもとです。

「〜だから」と言わない

「兄」「弟」「姉」「妹」の役割ではなく、個別に目を向けます。

等しく目を向ける

一人ひとりの子どものよいところ、苦手なところを評価しましょう。お互いが認めあえば、おのずと苦手なことには手を差し伸べ、いたわりあう雰囲気ができます。

ほうりっぱなしにしない

手がかからないことと、放任は違います。一人ひとり個別に話す時間をつくるなど、等しく向き合いましょう。

かかりきりにならない

LDの子どもを別室で世話したり、いつも先に世話をすると、ほかの子どもには「えこひいき」に見えてしまいます。

きょうだいそれぞれを個別に見る

LDの子どもがいると、どうしても家族の目はその子どもに注がれがちです。ほかのきょうだいは「あなたはしっかりしているわね」「一人でできるわね」などの言葉でがまんを強いられている場合が少なくありません。

きょうだい一人ひとりに個別に目を向け、平等に接してください。

役割を単純に決めつけない

年齢によって、子どもの役割を決めつけたり、あるべき姿を説くのもよくありません。「お兄ちゃんなのに」「下の子のほうが……」などと、ほかのきょうだいと比較したりすると、きょうだいの間に無用なプレッシャーを招きます。

きょうだいとの関係を決めつけず、一人ひとりのよいところを評価し、特徴を受け入れましょう。

しつけのポイント

身につけさせたいことは少しにしぼって、はっきり決める

しつけのポイントは、「わかりやすく」「繰り返し」教えることです。気をつけることがたくさんあると混乱してしまいます。

身につけさせたいことを厳選する

しつけは、あれもこれもとしても、子どもが身につけるには長い時間がかかりますし、効率的ではありません。

本当に必要なことだけにしぼり、そのための具体的なルールを決めます。それがしっかり根づいたら、少しずつルールを増やします。

「これだけは」からスタートする

しつけは、社会性を身につける第一歩です。目標は具体的に、生活に即したものにしましょう。

守らせることを厳選する

ただ「がまんさせる」と決めるだけでは、いつ、どこでしつけをすればよいかわかりません。まず下の4つをしっかり定着させるために、「してはいけないこと」「してほしいこと」に分けて、具体的なルールを決めます。

身につけさせたいこと

- 制止できる、がまんできる
- 指示を守れる
- 待てる、順番を守れる
- 根気が続く

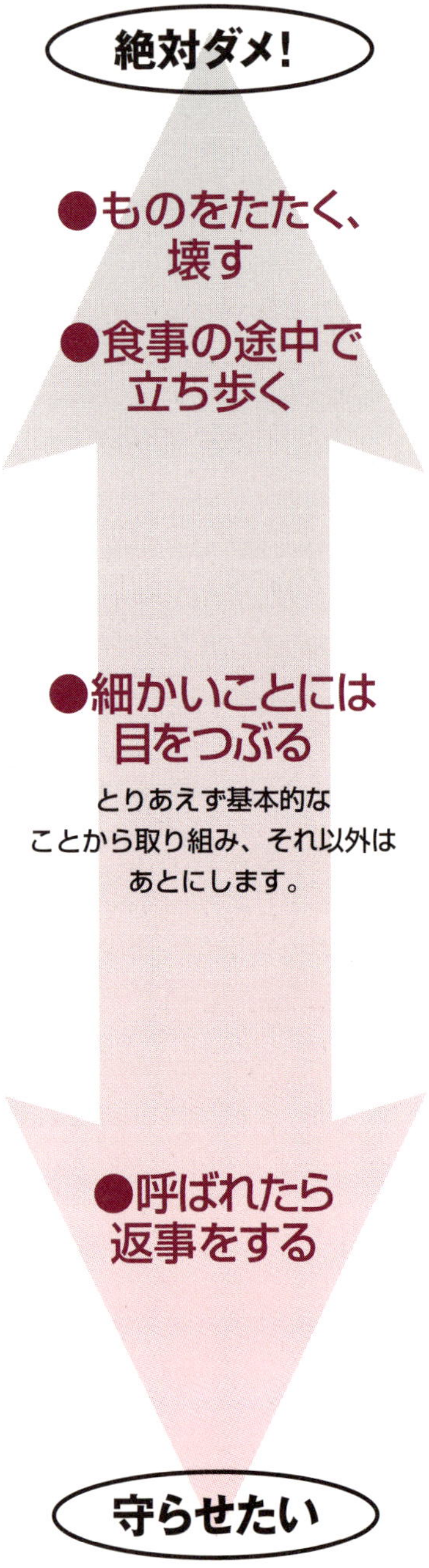

絶対ダメ!
●ものをたたく、壊す
●食事の途中で立ち歩く
●細かいことには目をつぶる
とりあえず基本的なことから取り組み、それ以外はあとにします。
●呼ばれたら返事をする
守らせたい

すべきことは明文化して わかりやすくする

年齢に合わせてすべきことが増えてきたら、チェックシートをつくって、やるべきことがすぐわかるようにするとよいでしょう。

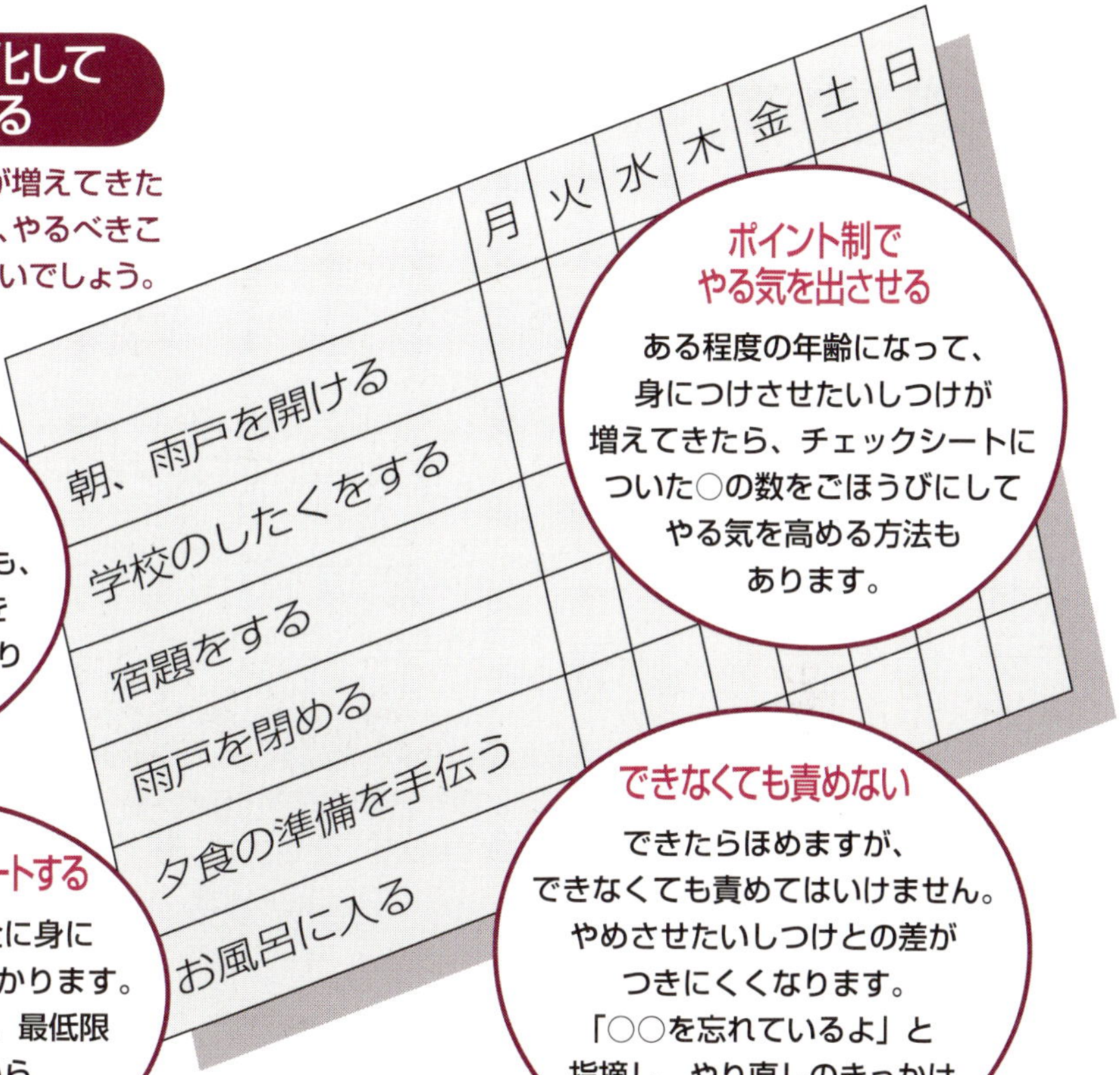
月
火
水
木
金
土
日
朝、雨戸を開ける
学校のしたくをする
宿題をする
雨戸を閉める
夕食の準備を手伝う
お風呂に入る

自分でやるべきことを考えられるようにする

周囲から指示を受けなくても、自分で見てやるべきことを判断したり、順番を決めたりする力がつきます。

最低限からスタートする

よい習慣も、完全に身につけるには時間がかかります。学校のしたくなど、最低限必要なことから徹底しましょう。

ポイント制でやる気を出させる

ある程度の年齢になって、身につけさせたいしつけが増えてきたら、チェックシートについた○の数をごほうびにしてやる気を高める方法もあります。

できなくても責めない

できたらほめますが、できなくても責めてはいけません。やめさせたいしつけとの差がつきにくくなります。「○○を忘れているよ」と指摘し、やり直しのきっかけをつくります。

すべきことも少しずつ始める

「すべきこと」も「してはいけないこと」も、少ないほど子どもも覚えやすく、教えるほうも徹底しやすいものです。身につけさせたい、よい習慣も少しずつ始め、徐々に増やしていきましょう。

やると子どもにプラスになるように

しつけは、繰り返し根気よくしなければなりません。なぜできないのかとがっくりくることもあるでしょう。しかし、子どもはそれ以上に苦労しているものです。

しつけの方法には、成果に対してごほうびをあげるやり方があります（八五ページ参照）。これには賛否両論ありますが、子どもの苦労の大きさを考えると、目に見える形で評価するのは悪いことではありません。やる気を高め、よいサイクルをつくります。ごほうびの質と量に注意して長期的に取り組むと、大きな効果を上げます。

ほめるとしかる

「どんなときに」「なぜ」ほめるか、しかるかをはっきりさせる

気分によってしかったりほめたりしても、子どもは真剣に受け止めません。ルールを徹底して、しつけに活かしましょう。

わかりやすいと定着する

しつけを徹底させるには、ただ命令するだけでなく、守れたらほめ、違反したらしからなくてはなりません。

しかるとき、ほめるときの基本はどちらも同じです。例外をつくらず、すぐに反応することです。昨日はよくて今日はダメ、では意味がありません。また、時間がたってから言われても、何がよくて何が悪かったのかわかりにくく、徹底されません。

しかるときにはクドクド言わず、はっきり、きっぱり伝えましょう。

一方、ほめるときには、何がよかったのか、具体的に伝えてください。

しかるときは注意して

上手にしかるのは意外とむずかしいものです。ダメなものはダメと断固とした態度で示しましょう。

基準をはっきりする

しかる基準をはっきりしておき、それについては一歩もゆずってはいけません。すぐに引き下がったり、人によって言うことが違うと、子どもは真剣に受け止めようとしません。

はっきりとわからせる

子どもに合った方法ではっきり伝えましょう。耳で聞くのが苦手なら、声だけでなく胸の前で×印をつくるなど、すぐにわからせる工夫も必要です。

すぐにしかる

いけないことをしたら、すぐにしかります。時間がたつと、しかっても因果関係がわからず、不快さしか残りません。

よい習慣はほめて伸ばす

できるようになったり、がんばったことはどんどんほめると、やる気が出ます。ごほうび制をとり入れるときには、子どもが本当にほしいものをごほうびにすること、成果とごほうびのバランスに注意しましょう。

幼少時

●すぐほめる
●ごほうびをあげる

できたことに応じて、口でほめるだけでなく、ごほうびをあげるのもよいでしょう。ただし、ごほうびのあげ方（量や内容）がバラバラだと、効果はありません。

学童期（低学年）

●ためたポイントをごほうびに替える

年齢が上がってきたら、ごほうびをポイント制にします。できたこととポイントの換算と、ポイントによって交換できるごほうびを決めておきます。そのうえで、できた内容によってポイントを加算し、子どもがごほうびの種類を選べるようにします。

ポイントは、よいことをしたときだけでなく、いけないことをしたときの〝マイナスポイント券〟と併用するとメリハリがつく

学童期（高学年）～中学生

●金銭感覚を養うチャンスをつくる

ポイントで交換できるごほうびにお金をとり入れてもよいでしょう。家庭内でアルバイト制をとり入れるなど、さまざまな工夫ができます。

がんばることで報酬を得ると、仕事の感覚が身につく

お手伝いのポイント

順序だてて教え、繰り返して覚えさせる

家の手伝いは、社会性、自主性、責任感を育てる絶好の教材です。また、親子のコミュニケーションを豊かにする貴重な機会にもなります。

順序を指示する

仕事は1つずつ、継続して任せます。今日は食事のしたく、明日は後片づけ……など、覚えさせることがバラバラでは身につきません。

手順をきっちり、目的をはっきりさせる

何のために、次に何をするか作業の目的や流れがはっきりしていると、覚えやすくなります。

○○をしよう
↓
まず△△をもってきて
↓
次に××して

楽しくやる

教えることにこだわりすぎず、子どもが楽しんでできるように気をつけましょう。

急がば回れの気持ちで

お手伝いは、子どもが出会う最初の仕事です。しつけの機会でもありますが、それ以上に、子どもにとっては、一人前に認めてもらう挑戦なのです。

お手伝いといっても、ものを運んだりする単純作業ではありません。皿洗いなら皿洗いを最初から最後まで、しかも繰り返しやってこそ意味があるのです。

子どもに任せても、最初は不完全で時間もかかります。しかし、一つの課題に取り組み、自分で成し遂げる感覚は、子どもにとって何ものにも代えがたいものです。

急がば回れの気持ちで、ゆっくり見守ってあげましょう。

繰り返して、少しずつ前進させる

いきなり任せて、すぐにできるわけがありません。いっしょに作業し、少しずつ教えていきます。

お手本を見せる

お手本と手順を同時に示してもよい

いっしょに作業して、お手本を見せます。作業しながら順番を示して説明するなど、いろいろな方向から子どもが理解できるようにします。

任せてみる

任せたからには、なるべく口出しはしない

せっかくがんばってやっているのに、そばからアレコレと言われると子どものやる気がそがれます。思い切ってその場を離れるなど、子どもに任せる姿勢を示しましょう。

評価する

まずほめる

子どものがんばりをねぎらいましょう。

改善点は少しずつ伝える

不完全な点があったら「ここがダメだ」と言わずに「次はここを直すともっとよくなるね」など、次につながるように伝えます。

選ぶ力を育てる

自分で選ぶ、ともに考えるチャンスをつくる

自分で考えて選び、決める力は、誰でも最初からもっているわけではありません。日常生活でチャンスをとらえて、育てていく工夫が欠かせません。

選ぶ力が自立を支える

自分で選ぶ力のある子どもは、選んだことに責任をもち、たとえ失敗してもそこから学び、次へ挑戦していけます。

選ぶ力は、小さいころからの習慣で育てていかなくてはなりません。服や靴を買うなど、ささいなことでかまいません。最初は、二〜三個の選択肢を示し、そのなかから選ばせます。大きくなったら、値段や素材などの条件を示して、その範囲内で選ばせるなど、自主性を高めてもよいでしょう。

「どれがいいかな?」ではなく、あらかじめいくつかの選択肢を用意し、子どもが「よりよい選択」をする機会をつくることが大切です。

選択する場面をつくる

選択するものは、最初は何でもかまいません。必要なものを自分で「選ぶ」という行動が重要なのです。

選択肢を2〜3にしぼる

無数のなかから選ぶのはむずかしいので、あらかじめいくつか選んでおき、そのなかから選ばせます。

選んだものに責任をもたせる

「自分で選んだものだから、大切にしなさいね」など、自分で選ぶものに責任が伴うこともいっしょに伝えましょう。

選択肢の幅や数は年齢によって変える

選ぶ習慣が身についてきたら、値段や使う目的などの条件を与えて、選ぶ自由度を高く設定し、考える機会を増やします。

聞くことをうながす

自分なりに考え、それでも迷ったときには、周囲の人に聞く習慣を育てましょう。

どうすればいい？

こうしなさい ×

指示待ちがクセになる

聞かれたとき、すぐに指示すると、子どもは自分で考えようとしなくなって、指示されたことしかしなかったり、指示がないとできなくなってしまいます。

好きにしなさい 自分で考えなさい ×

わからないままになる危険性が大きい

聞いても答えてもらえないため、人に聞かずに我流でおし進めるクセがつくおそれがあります。

何で迷っているのかな？ 私はこう思うよ ○

説明する必要性がわかる

迷っていることを具体的に聞き出すと、どこがわからないのか、何がしたいのかを説明する習慣がつきます。

自分で答えを出す力をつける

指示ではなく意見を伝えると、人の意見を参考にして、よりよい答えを自分で導き出す練習ができます。

なんとなくをそのままにしない

迷ったときに相談できるかどうかも、社会での自立に必要な能力です。どちらがいいか迷ったときなどに、子どもが「どうすればいい？」と聞けるようにうながしましょう。

子どもの気持ちをくんで先回りせず、何を迷っているのかを聞き、どうすればよいかをいっしょに考えてあげてください。

好きを伸ばす

得意なこと、興味のあることを応援する

苦手な部分はよく見えても、子どもの得意なことは意外と見落としてしまいます。子どもの長所を見つけ、「好き」を伸ばしてあげましょう。

成果を認めてよいサイクルをつくる

学校での学習の遅れが目立ってくると、ともすると苦手なことを克服したり、できない部分を伸ばすのに夢中になりがちです。

ＬＤの子どもは、しかられたり励まされることは多くても、ほめられる経験は多くありません。

好きなこと、得意な部分に注目してほめると、子どもには自信や自尊心が育ちます。「好き」が学習を引っ張る力となる場合もよく見られます。

子どもが、好きなこと、興味のあることを習いたいというときは、気持ちをよく確かめたうえでできるだけ応援します。成果や進歩を認め、ともに喜んであげましょう。

長所を見つける努力も欠かせない

子どものよいところはどこか、どこがよくなったか、目を配っていないと、上手にほめることはできません。

ほめるから伸びる

他人から認められることが上達には欠かせません。

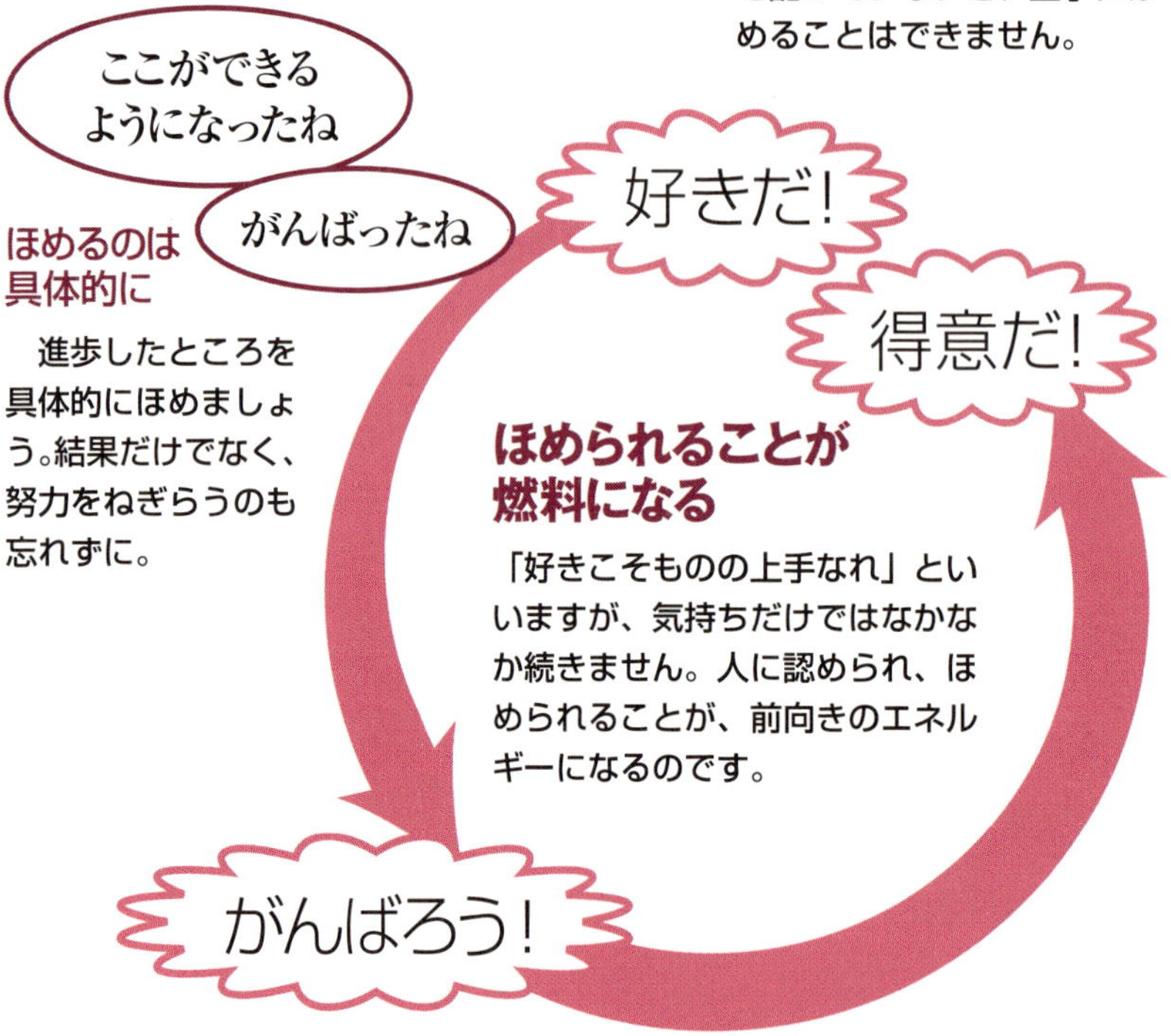

ここができるようになったね
がんばったね
好きだ!
得意だ!
がんばろう!

ほめるのは具体的に

進歩したところを具体的にほめましょう。結果だけでなく、努力をねぎらうのも忘れずに。

ほめられることが燃料になる

「好きこそものの上手なれ」といいますが、気持ちだけではなかなか続きません。人に認められ、ほめられることが、前向きのエネルギーになるのです。

やめるか、続けるかの見極めは慎重に

せっかく続けていたことをやめるときには、子どもとよく話し合います。

子どもの気持ちをよく聞く

なぜやめたいのか、きちんと確かめましょう。興味が薄れた、ほかに関心がうつったなどのほか、人間関係のむずかしさなど、いろいろな理由があるものです。

感情的に話さない

感情的にならずに冷静に話します。説得するばかりでなく、子どもの気持ちを受け止め、そのうえで打開策を探りましょう。

もったいないじゃないか
結局、ダメなのか
なぜやめたいのか？
今までの成果をどう活かすのか？
ほかにやりたいことがあるのか？
本当によく考えての結論か？

やめるときもよく確かめる

好きで始めた習いごとを、やめたいと言い出したときも、よく子どもの気持ちを確かめましょう。

続けるように説得するのはもちろん必要です。しかし、子どもなりに理由があるはずですから、それにもきちんと耳をかたむけてください。やめる時期も、「すぐではなく、○○ができるようになったら」といった具合に区切りをつけるなど、よく話し合って決めるとよいでしょう。

やめることも次につなげるきっかけにする

こうした話し合いは、子どもにとって本当に自分がやりたいことを考えるきっかけになります。また、どうやって説明すれば自分の気持ちをわかってもらえるかを学ぶ貴重な機会にもなります。

周囲を巻き込む

周囲の人、親の会などでネットワークをつくる

LDの子どもをもつ親は、ともすると学校から足が遠のきがちです。しかし、人とのネットワークは、子どもの様子を理解し、よりよいサポートをするためには欠かせない情報源です。

人とのつながりを力に変える

子どもの問題について言われるのを恐れていても何も変わりません。むしろ、よりよいサポートのために、子どもの状態を知り、また、子どものために理解してほしいことを伝えるためのネットワークをつくりましょう。

保護者

担任の先生

学校の様子や教育についての相談、同級生の親との仲介

勉強について共通の認識をもっておきましょう。また、担任の先生を通じて、同級生の親の理解をうながしてもらうのもよいでしょう。

家族

日常の状態について情報を共有する

主たる育児の担い手であるお母さんが孤立している家庭が少なくありません。家族に状態を伝え、ともに理解してもらいましょう。

同級生の保護者

クラスでの様子、子ども同士の情報

子どもが大きくなると、クラスでの過ごし方、友達関係を直接聞くことはむずかしいものです。保護者の話からわかることはたくさんあります。

友人など

息抜きや悩みを相談する

家庭や学校を離れた立場の友人がいると、悩みを話しやすく、息抜きができます。

全国LD親の会

全国各地で活動する「LD親の会」の連合組織で、現在45団体が加入しています（2017年6月）。LDに関する基本的な知識や相談できるセンター、医療機関、地域で活動している親の会の情報などが得られます。
http://www.jpald.net

親の会を利用する

各地域で活動している「LD親の会」では、LDに関するさまざまな情報を提供しています。

親同士では……
悩みを相談したり、アドバイスを交換できる
教育や支援についての情報が得られる
子どもたちは……
同じLDの子どもと知り合える

あたって砕けろがうまくいきやすい

最初は大変でも、むしろ、先生や周囲の保護者とのコミュニケーションをとる「あたって砕けろ」方式が意外とうまくいくことがあります。子どもが学校でどのような様子かもわかりますし、子どもの友達関係など、得られる情報はたくさんあります。

同じ立場でこその情報が得られる

地域で活動している「LD親の会」に参加するのもよい方法です。LDについての基本的な知識のほか、地域で得られるサービスや、LDに理解のある医療機関、相談先の情報も得られます。

また、親同士、子ども同士の交流の場を設けているところもあります。こうした会は、親にとっては悩みを共有でき、アドバイスを得る場、子どもにとっては同じ困難がある同年代の友達をつくる貴重なきっかけとなります。

社会資源

LDをめぐる支援は発展途上

LDに関する理解は、社会的なサービスの分野でもようやく始まったところです。今後は、就労や自立に向けたサポートの確立が期待されています。

現在の支援制度では限界がある

日本では、従来は教育も福祉も障害の種別によって対象が決められていました。障害のある人に社会サービスを提供する「障害者手帳」のしくみでも、LDなどの発達障害の人が利用できるしくみはまだ整っていません。

身体障害者手帳
目や耳が不自由だったり、手足に障害がある、内臓の機能に障害がある人のための手帳です。

精神障害者保健福祉手帳
こころの病などで社会生活にハンデがある人のための手帳です。

療育手帳
知的障害のある人のための手帳です。地域によって呼び名が異なる場合があります。

LDなどを対象とした支援制度はまだ確立していない

障害者手帳を取得すると、税制上の優遇措置や交通費や通信費の負担軽減など、経済上の負担が軽くなったり、就労の支援を受けることができます。しかし、ＬＤなどの発達障害は取得資格に該当せず、厳密には手帳の対象とはならないのが現状です。

サービスをめぐる状況はさまざま

ＬＤをはじめとする発達障害の場合、福祉などのサービスに対するニーズにはかなりの個人差があります。

現在のところ、ＬＤの人が利用しやすい社会サービスはまだまだ発展途上なのです。

社会で支えるしくみはこれから始まる

障害のある人が利用できる「障害者手帳」には三種類あり、ＬＤのなかには療育手帳を取得する人もいます。しかし、厳密には三種類の手帳のいずれもＬＤやＡＤ／ＨＤ、自閉症の人の利用を想定していず、社会サービスとしては利用しにくい状況です。

地域によって基準やサービス内容が異なる

二〇一三年より「障害者総合支援法」が始まり、障害の種別によらず、必要なサービスを提供するしくみが始まりました。

細かなサービスの内容や、対象となる人の審査は、市区町村によって多少異なります。地域の担当窓口に相談してください。

動き出した就労支援

「障害者総合支援法」では、障害の種類にかかわらず、就労に向けた支援を受けられるようになっています。今後、LDなども、こうした支援の対象になると考えられます。

市区町村の担当窓口　→　**審査、判断**

ハローワーク　→　**審査、判断**

審査、判断

届出のあった人について、居住状況や社会活動などについて審査がおこなわれます。市区町村の担当職員のほか、医師や専門家の審査も加味して、支給されるサービスが決まります。

↓ 就労、自立に関するサービスは主に4つある

自立訓練（機能訓練・生活訓練）

自立した日常生活、社会生活ができるよう、一定期間、身体機能または生活能力を向上させるために必要な訓練をおこないます。

就労移行支援

一般企業等への就労を希望する人に、一定期間、就労に必要な知識および能力の向上のために必要な訓練をおこないます。

就労継続支援（雇用型・非雇用型）

一般企業等での就労が困難な人に、働く場を提供するとともに、知識および能力の向上のために必要な訓練をおこないます。

共同生活援助（グループホーム）

共同生活をする住居（グループホーム）で、相談や日常生活上の援助をおこないます。

COLUMN

特別支援教育のこれから

取り組みには地域差もある

二〇〇七年度より、特別支援教育が始まりました。特別支援教育の具体的な運営方式については、自治体によって、運営にかかわる組織の名前や通級による指導のあり方などについて差があります。通級による指導に当たる先生の数も、まだまだ十分ではないのが現状です。

自治体のなかには、独自に特別支援教育を担うスタッフを積極的に増員するところも出てきました。学生などのボランティアを活用して、学級担任を補助する「チーム・ティーチング」もその一つです。また、教員資格がなくても、専門的な知識をもち、地域やNPOで一定の講習を受けた人を「学習支援員」として認定し、必要に応じて学校に派遣するしくみを導入した地域もあります。LD指導の専門知識や技術を有する民間資格としては「特別支援教育士」「臨床発達心理士」などがあります。

こうした専門スタッフが今後、特別支援教育で活動することが期待されています。

さまざまなスタッフの活用が期待される

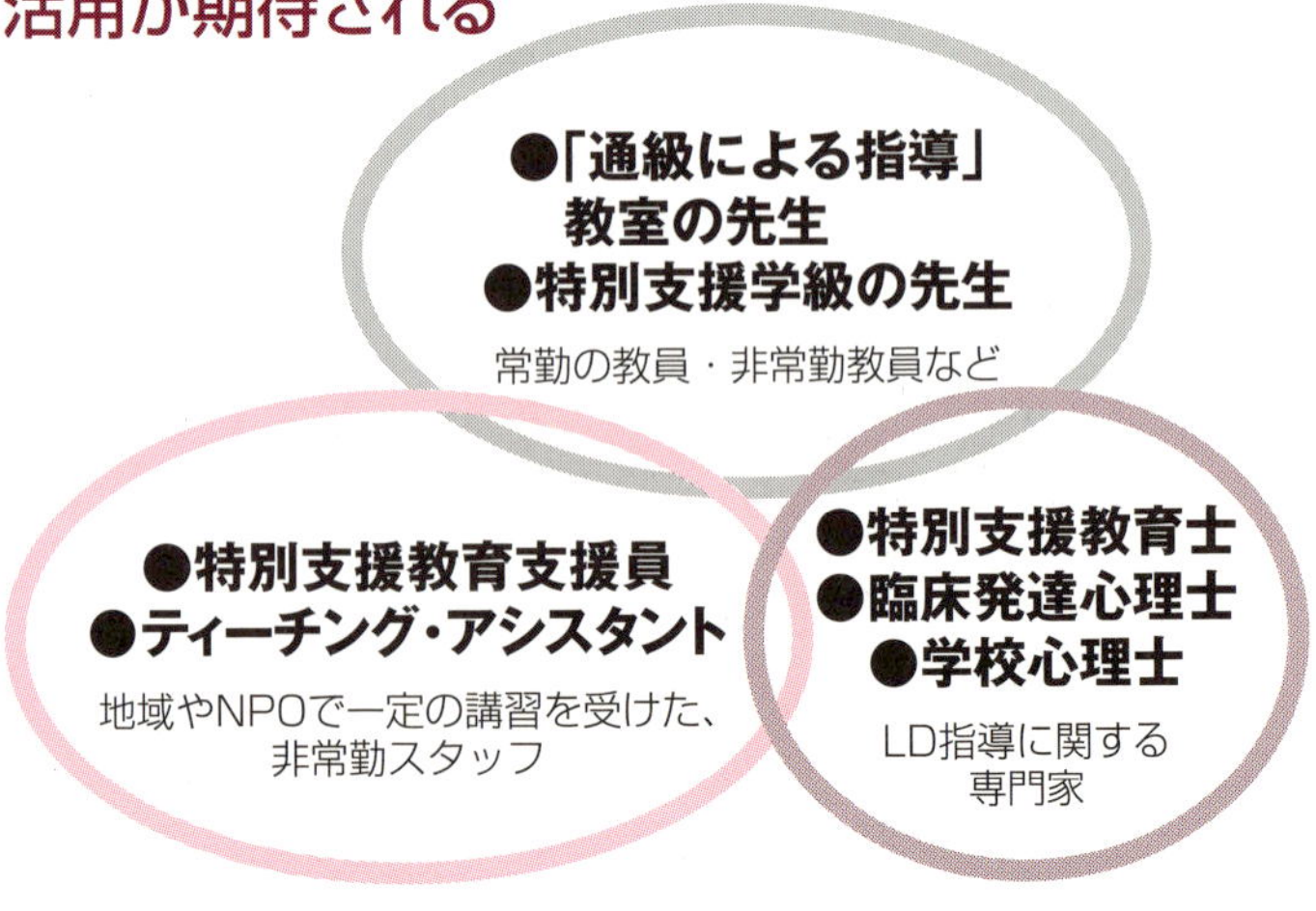
●「通級による指導」教室の先生
●特別支援学級の先生
常勤の教員・非常勤教員など
●特別支援教育支援員
●ティーチング・アシスタント
地域やNPOで一定の講習を受けた、非常勤スタッフ
●特別支援教育士
●臨床発達心理士
●学校心理士
LD指導に関する専門家

日本LD学会についてはホームページ（http://www.jald.or.jp）を参照してください（2013年11月現在）。また、「特別支援教育士（LD・ADHD等）」（略称S.E.N.S）についても、日本LD学会HP内の情報を参照してください。

COLUMN

地域で子どもを支えるしくみを

現在、中学校での通級による指導は非常に数が少なく、整備が急がれています。また、小・中学校ともに少子化に伴う学校の統廃合が相次ぐなど、通級による指導の充実には数々の課題があります。

そうしたなかで注目されているのが「学校群」という考え方です。

隣接する何校かで「群」を形成し、A校にはソーシャルスキルの教室を、B校には情緒の教室を、といった具合にそれぞれの学校に特色のある「通級による指導」教室を配します。そのうえで、群内の学区であれば、入学する学校を自由に選べるというやり方です。

この方法では、通う学校は多少遠くなっても、自校通級が可能になります。結果として、他校通級と比べれば子どもも、送迎に当たる保護者の負担も大幅に軽くなるのです。

学校群の取り組み

学校間での連携がスムーズにいくようになると、専門知識をもつ指導員の巡回など、さまざまな協力態勢が広がる可能性があります。

学校間で時間割を調整しあって、巡回指導を充実させるなど、学校群の活用法はたくさんある

子どものニーズに合った学校を選ぶ

自分の住んでいる学区が含まれる学校群のなかから、子どものニーズに合った指導を重点的におこなっている学校を選べるようになります。

COLUMN

LD先進国？

アメリカでのLD支援

日本より二〇年以上も進んでいる

LDという言葉は、アメリカで生まれました。一九六三年、アメリカのシカゴで、学習に困難のある子どもの親と専門家の集会で使われたのが最初でした。ひとたび現れるや否や、LDは一気にアメリカの教育界に広がりました。七五年には、早くも法律によってLDが正式に規定され、LDの子どもたちへのサポートが開始されました。

アメリカでは、州単位で対応が異なるため、若干の地域差がありますが、おおむねどこの学校にも「リソースルーム（「通級による指導」教室）」があり、スクールサイコロジスト（学校心理士）などの専門スタッフも大勢います。

二〇〇四年、アメリカで支援教育を受けている子どもは全就学児童の一二パーセントで、なかでもLDの子どもがじつに五・七パーセントにも及んでいました。

学校で対応しているLDの子どもの数の変化（アメリカ）

アメリカでは、LDの概念の広がりとともに、学校内でのLDの子どもが爆発的に増えている。それまでは医療機関で対応されていたLDが、学校で受け入れられるようになったことから、この現象を「クリニックからクラスへ」と呼ぶ

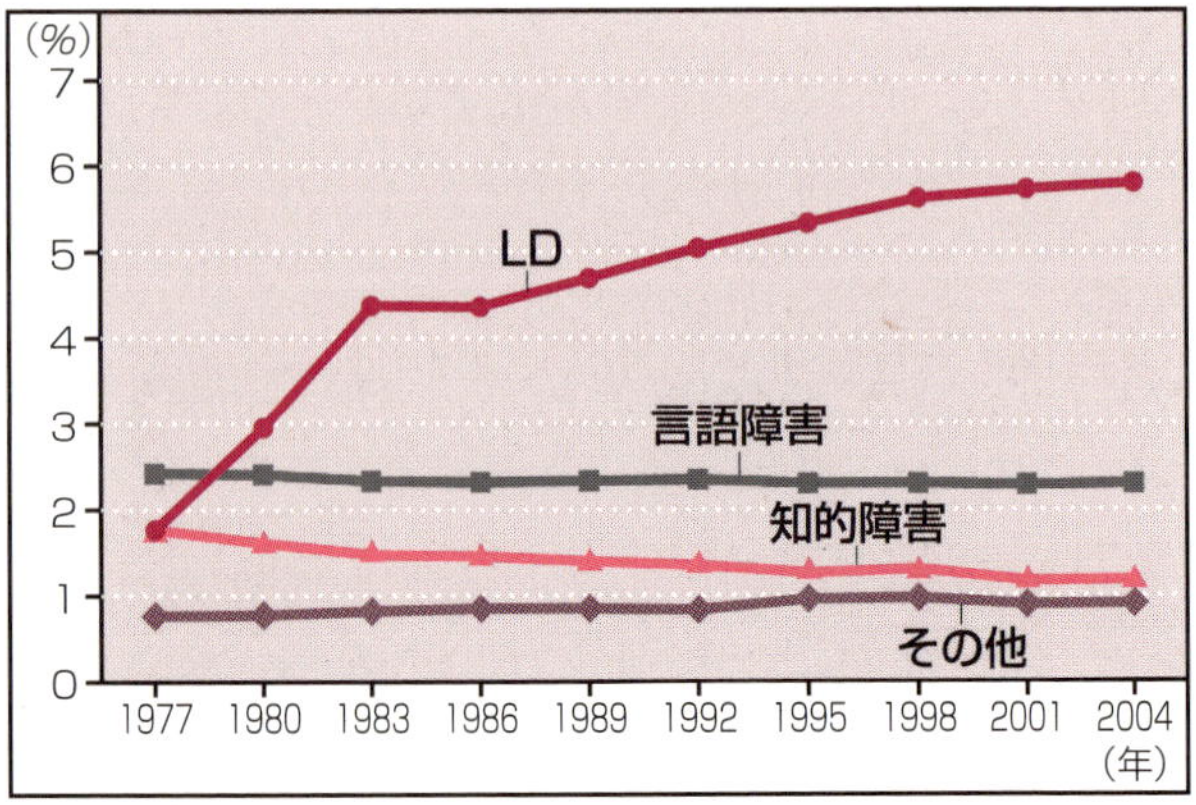

（アメリカ教育省1977～2004年度報告より）

■監修者プロフィール

上野一彦（うえの・かずひこ）

1943年生れ、東京都出身。東京大学教育学部、同大学院修了後、東京大学助手、1975年東京学芸大学講師。助教授、教授を経て、2000〜04副学長を務める。現在、同大学名誉教授。早くからLD教育の必要性を主張。その支援教育の実践を通して啓発活動を行う。1990年全国LD親の会、92年日本LD学会設立に携わる。文部科学省「特別支援教育の在り方に関する調査研究」などの協力者会議委員、文部科学省視学委員、東京都「心身障害教育改善検討委員会」委員長、日本LD学会理事長（1994〜2015）などを務める。大学入試センター試験における発達障害への配慮や公認心理師の国家資格化にも尽力。特別支援教育士スーパーバイザー。

●編集協力
オフィス201
原 かおり

●カバーデザイン
松本 桂

●カバーイラスト
長谷川貴子

●本文デザイン
勝木雄二

●本文イラスト
植木美江

健康ライブラリー イラスト版

LD（学習障害《がくしゅうしょうがい》）のすべてがわかる本《ほん》

2007年4月10日 第1刷発行
2018年1月19日 第10刷発行

監 修 上野一彦（うえの・かずひこ）
発行者 鈴木 哲
発行所 株式会社講談社
東京都文京区音羽二丁目12-21
郵便番号 112-8001
電話番号 編集 03-5395-3560
販売 03-5395-4415
業務 03-5395-3615
印刷所 凸版印刷株式会社
製本所 株式会社若林製本工場

N.D.C.493 98p 21cm

ISBN978-4-06-259413-4

■参考文献

『LD（学習障害）とADHD（注意欠陥多動性障害）』上野一彦著(講談社)

『LD（学習障害）とディスレクシア（読み書き障害）』上野一彦著(講談社)

『LDと家庭教育』日本LD学会編（日本文化科学社）

『学級担任のためのLD指導Q&A』上野一彦編(教育出版)

『教室のなかの学習障害』上野一彦著(有斐閣)

『特別支援教育基本用語100』上野一彦・緒方明子・柘植雅義・松村茂治編(明治図書出版)

『特別支援教育［実践］ソーシャルスキル マニュアル』上野一彦・岡田智編著(明治図書出版)

『DSM-IV-TR 精神疾患の分類と診断の手引』髙橋三郎・大野裕・染谷俊幸訳(医学書院)